MONSEIGNEUR

FREPPEL

PAR

Mgr RICARD

PRÉLAT DE LA MAISON DE SA SAINTETÉ
GÉNÉRAL HONORAIRE DE MONSEIGNEUR L'ARCHEVÊQUE D'AIX

*Dieu ne nous a pas ordonné de vaincre
mais de combattre.*

*(Devise de Louis Veuillot, adoptée
par Monseigneur Freppel.)*

MONSEIGNEUR FREPPEL

Mgr FREPPEL

MONSEIGNEUR FREPPEL

PAR

MGR RICARD

PRÉLAT DE LA MAISON DE SA SAINTETÉ
VICAIRE-GÉNÉRAL HONORAIRE DE MONSEIGNEUR L'ARCHEVÊQUE D'AIX

*Dieu ne nous a pas ordonné de
vaincre mais de combattre.*

*(Devise de Louis Veuillot, adoptée
par Monseigneur Freppel.)*

PARIS

E. DENTU, ÉDITEUR

LIBRAIRE DE LA SOCIÉTÉ DEŠ GENS DE LETTRES

3, PLACE DE VALOIS, PALAIS-ROYAL

—

1892

MONSEIGNEUR FREPPEL

LA GENÈSE D'UN GRAND ÉVÊQUE

SOMMAIRE. — Quand l'Alsace sera redevenue terre française. — Le bourg natal. — Les Alsaciens. — Il n'y a pas de province plus française d'esprit et de cœur! — Le rayonnement d'un cœur maternel. — Ce qu'était Mme Freppel. — Alors, mon fils, nous serons donc séparés **pour** toujours! — Le cœur du fils auprès du tombeau de la mère. — C'est après-demain le 14! — L'action du père à côté de l'influence maternelle. — Un écolier modèle. — La question du vieux régent. — Si le jeune Freppel a jamais hésité sur la direction à donner à sa vie. — Une mémoire extraordinaire. — Toujours le premier. — Moi, je veux être prêtre! — Bachelier et séminariste. — Un souvenir de séminaire porté à la tribune française. — L'abbé Freppel reçoit le sous-diaconat.

1

— Je désire que mon cœur soit transporté dans l'église paroissiale d'Obernai (Bas-Rhin).

quand l'Alsace sera redevenue terre française.....

Jamais, celui dont nous entreprenons d'esquisser la grande vie ne parla sans émotion du cher petit bourg d'Alsace, où la Providence marqua sa naissance et son berceau. Il s'en ressouvenait, en traçant les lignes qu'on vient de lire, extraites du testament où le prélat alsacien demeuré si français a déposé l'expression de ses sentiments les plus intimes et les plus vivaces.

Le village est joli. « Situé sur le penchant d'une colline couverte de vignobles, il apparaît, dans la belle saison, comme un nid au milieu de la verdure. Les murs sont crépis à la chaux et badigeonnés de rose et d'azur ; les persiennes sont rouges ou vertes ; les toits, en pointe, garnis de tuiles saumon. Devant chaque porte, cinq à six marches à monter ; — puis un perron qu'abrite une marquise. A l'intérieur grimpe en colimaçon un escalier de bois qui conduit au premier et unique étage. Par derrière, le jardin. Ajoutez à ce décor une petite rivière, courant, à travers la rue principale, avec un murmure, sur les cailloux, le long des berges sans maçonnerie. Un autre ruisseau fait à la ville comme une ceinture en circulant dans les fossés extérieurs ; derniers débris de fortifications célèbres jadis et tout armées de hautes tours dont survivent çà et là quelques débris. — Les habitants, au langage rude et pittoresque — amalgame d'allemand et de français, — sont hospitaliers et pieux. Grands parleurs, race vigoureuse et forte, ils passent pour aimer la lutte, mais au demeurant soignent la besogne et se montrent pleins de déférence pour leurs prêtres (1). »

Ils sont aussi pleins d'ardeur dans leur fidélité au cher pays de France (2).

---

1. Oscar HAVARD, art. du *Monde*, 24 décembre 1891.

2. Un document officiel, communiqué ces jours derniers au conseil général d'Alsace-Lorraine, contient à cet égard quelques chiffres qui ne manquent pas d'éloquence.

Les listes de recrutement comprenaient 13.286 jeunes gens inscrits ; la résidence de 1.810 n'a pu être découverte ; 3.602 ont été absents, sans excuse ; 3.558 ont été ajournés,

Quand on voulait mettre en verve l'étince-
lante éloquence de l'enfant d'Obernai devenu
évêque d'Angers et député du Finistère, il suf-
fisait d'émettre une apparence d'objection au
retour de la chère province natale à la mère
patrie.

— Je sais fort bien, s'écriait-il un jour,
qu'en remontant aux origines des Gaulois et
Germains, et en reprenant le fil de l'histoire
depuis les Mérovingiens et les Carlovingiens,
on peut supputer le plus ou moins de temps
qu'une province a passé sous telle ou telle
souveraineté. Ces calculs, on peut les faire
pour le Roussillon comme pour la Navarre,
pour la Franconie comme pour la Silésie.
Mais, au regard de la politique, ce sont là des
thèses d'académie, bonnes à exercer l'érudition des professeurs au sein des universités...

---

255 ont été déclarés impropres au service; 219 désignés
pour le landsturm (1er ban), 887 pour la réserve.

Au total, il y a eu 1.867 recrutés pour 13.286 inscrits.

Voilà qui démontre de façon péremptoire les progrès
que vingt années d'oppression ont fait faire à l'amour de
la patrie allemande dans le cœur des annexés.

Et il concluait, sur un ton de triomphe, où vibre l'accent fier de l'Alsacien resté Français :

— Un fait domine toutes ces recherches d'histoire et de linguistique, un **fait** indéniable, qui est l'expression d'un **droit** non moins certain : c'est qu'il n'y a pas de **parties** de la France plus françaises d'esprit et de cœur que l'Alsace et la Lorraine ; c'est que ces deux provinces vivent de la même vie que nous, qu'elles nous sont attachées par tous leurs sentiments, par tous leurs vœux, par toutes leurs aspirations ; et, s'il pouvait rester quelque doute à cet égard, la plus simple consultation, faite dans telle condition que l'on voudra, suffirait pour en convaincre le monde entier (1).

1. Lettre de Mgr Freppel, sur la question de l'Alsace-Lorraine, à M. Emilio Castelar, membre du Parlement espagnol. (*Œuvres polémiques*, 9° série, p. 437.)

II

Pour qui a connu la limpidité d'âme, la fermeté dans la vertu et la pureté du regard de l'évêque d'Angers, il ne saurait y avoir de doute : une mère pieuse veilla sur son berceau. Rien ne laisse sur la physionomie d'un enfant une empreinte reconnaissable, comme le rayonnement d'un cœur maternel qui vit de la vraie vie, celle que l'on puise dans la pratique des vertus chrétiennes et la fréquentation des sacrements catholiques, spécialement de la divine Eucharistie.

La mère de Mgr Freppel le mit au monde le 1er juin 1827.

Femme de devoir, elle veilla elle-même sur le développement du cœur de ce cher enfant dont la mort seule devait la séparer. Femme de foi, elle lui parla de Dieu en termes qui se gravèrent au plus intime de la conscience. Femme d'exemple, elle lui apprit à conformer toujours sa vie à ses convictions. Femme forte, elle lui montra comment il faut soutenir les épreuves de Dieu.

Un ami, qui l'a connue, en a rendu ce témoignage.

« Mme Freppel, femme d'intérieur, d'ordre et d'économie, type d'Alsacienne, se fit l'institutrice de son fils. C'est elle qui le dirigea dans la première partie de sa vie; c'est elle qui fut son unique professeur, jusqu'au jour où il franchit le seuil du collège communal. Jamais mère n'eut d'ailleurs de fils plus dévoué; tous deux restèrent liés l'un à l'autre, et la mort, survenue il y a une douzaine d'années, put seule contraindre Mme Freppel à se séparer de son cher enfant (1). »

C'est encore au testament de ce fils que nous demanderons le témoignage de la réciprocité des sentiments qui unissaient ces deux grandes âmes, si bien faites pour se comprendre et pour s'aimer.

---

1. O. Havard, *loc. cit.*

— D'ici là, dit-il après avoir manifesté son vœu qu'il soit transféré à Obernai redevenu terre française, je désire que mon cœur soit conservé dans la petite chapelle de la communauté de la Retraite, où reposent déjà les dépouilles mortelles de ma mère.

Ce désir a une histoire. Elle vaut d'être racontée.

M. l'abbé Ledoyen, supérieur du petit séminaire Mongazon et de la Retraite d'Angers, l'a admirablement décrite, le jour de la cérémonie de la translation du cœur de Mgr Freppel dans la chapelle de la Sainte-Vierge, à la Retraite (1).

C'était dans un entretien intime entre le fils et la mère :

« Pour vous, Monseigneur, dit celle-ci, la mort ne sera point triste comme elle le sera pour moi. Disparu, on pensera encore à vous. Vous ne semblerez pas rejeté du milieu des vivants ; n'avez-vous pas votre place dans vo-

____

1. Le samedi 16 janvier 1892 .(*Voir à l'appendice*, ch. II).

tre . cathédrale ? Moi, au contraire, — ah ! que cette pensée m'effraie ! — je serai conduite dans ce vaste cimetière que vous savez, pour y rester inconnue, et, vous mort, oubliée ! Puis, le cœur de la mère révélant, dans un dernier mot, ce qui faisait sa plus poignante angoisse, elle ajouta : « Alors, mon fils, nous serons donc séparés pour toujours ! »

L'éloquent panégyriste commente ensuite, avec un rare bonheur, les angoisses que faisait naître en cette pieuse Alsacienne la pensée d'être séparée de son fils et portée, elle, l'exilée d'Alsace en la terre d'Anjou, au cimetière commun, où son souvenir s'effacerait bientôt, et où personne ne prierait plus pour elle. Comme pendant à cette scène, l'histoire des saints n'a conservé que le colloque entre Monique et Augustin, à la fenêtre d'Ostie.

Aussi, les larmes coulaient, tandis que l'orateur, s'adressant aux vierges du Christ désignées par le testament de leur évêque pour recevoir ces deux dépôts précieux, s'écriait :

« Devinez-vous, mes chères Filles, ce qu'il

y a eu d'affectueuse délicatesse dans la double prière qui vous a été adressée ? Car c'était bien pour répondre à la double inquiétude de la mère que le fils se faisait suppliant. L'isolement effrayait cette mère, même après la mort; à peine a-t-elle rendu le dernier soupir, qu'il vous demande, mes chères Filles, de déposer ses restes ici, au milieu de vous; bien sûr que votre bon cœur saurait lui faire une large part dans vos souvenirs et dans vos prières, celle que vous savez faire à vos meilleures affections. La séparation l'effrayait plus encore; il s'efforce d'en adoucir la rigueur en venant souvent ici pendant sa vie s'en consoler lui-même dans la prière, et en demandant qu'après sa mort, son cœur fût placé dans la chapelle où elle repose.

« C'est pour satisfaire le désir de ce grand Évêque, notre Judas Machabée à nous, que, semblables aux frères de ce héros, nous apportons ici son cœur, nous tous qui sommes non ses frères, mais ses fils, pour le déposer tout à l'heure près du sépulcre de sa mère, afin que la mort qui, d'ordinaire, sépare tout ici bas, les rapproche davantage tous les deux aujourd'hui. *Et Jonathas et Simon tulerunt Judam et sepelierunt in sepulcro patrum suorum.* »

Quand elle fut morte, le fils n'avait pas de meilleure consolation que de revenir souvent sur la tombe de cette mère bien-aimée.

« Vous le voyez encore, n'est-ce pas, mes chères Filles, arrivant ici, chaque année, au quatorze du mois d'août, simplement et pieusement, pour célébrer une sorte de fête du cœur, en offrant à Dieu, pour sa mère, le sacrifice qui soulage ou délivre. Rien ne l'arrêtait, ni le travail, ni les préoccupations, ni l'éloignement ; c'était la grande œuvre de ce jour-là ! Cette année, spécialement, il surmonta tous les obstacles pour être fidèle au rendez-vous. Peut-être, mon Dieu, pressentait-il que c'était pour la dernière fois !

« Alors, en effet, que d'ici l'amour filial envoyait à Belley (1) prières sur prières pour

---

1. Auprès de Mgr Luçon, évêque de Belley, que l'Evêque d'Angers avait désigné pour l'épiscopat et qu'il aimait comme un fils de sa droite.

tenter de lui faire prendre un repos qui, peut-
être, aurait pu le sauver, et que, là-bas, le
même amour filial joignait ses instances pour
obtenir l'assentiment tant désiré, le grand
Evêque, après avoir donné, pour le public, des
raisons qui semblaient de nature à justifier
son départ, se pencha, au dernier moment,
vers son fils spirituel et son frère dans l'épiscopat : « Je dois partir, dit-il ; c'est après-
demain le 14, l'anniversaire de la mort de ma
mère. Je tiens à dire la messe à la Retraite
ce jour-là ; je n'y ai encore jamais manqué. »

« Que de fois, en dehors de là, l'avons-nous
vu renouveler fidèlement son pèlerinage ? Est-
il parti pour séjourner quelque temps à Paris,
en est-il revenu, après une absence assez pro-
longée, sans accourir immédiatement s'age-
nouiller sur la tombe de sa mère et y prier
longuement, toujours à genoux, comme l'eût
fait un enfant ?

« C'était avant ses grandes luttes à la Chambre, avant ses grands travaux, qu'on le voyait

d'ordinaire. Il semblait que, n'ayant plus ni sa famille, ni sa patrie, il retrouvait ici quelque chose de l'une et de l'autre qui le fortifiait pour ses combats.

« Chaque fois qu'il revenait, il nous paraissait plus grand, plus couvert de gloire; chaque fois nous l'admirions davantage, chaque fois aussi il nous devenait plus cher. A le voir, au milieu de nous, l'on n'eût pas soupçonné assurément que c'était l'homme de France le plus justement en renom, tant il se montrait simple, bon, accessible à tous. C'était, il est vrai, moins l'Évêque que le fils qui nous visitait; et le fils venait ici comme à la maison qui lui rappelait le plus la maison maternelle.

« N'était-ce pas cela, en effet? Il n'avait plus celle de la patrie, et la Retraite possédait les restes d'une femme qui, pour lui, semblait l'établir, cette maison maternelle, partout où elle était, même après la mort : sa mère! N'est-ce pas toujours, en quelque sorte, chez soi, là où l'on est avec sa mère? »

III

Nous mettons en lumière l'action de Mᵐᵉ Freppel sur la formation morale et intellectuelle du futur évêque d'Angers, parce que, de l'aveu des contemporains, cette action fut prépondérante et que, l'ayant conservée plus longtemps auprès de lui, le fils de cette grande chrétienne eut plus souvent l'occasion de lui rendre témoignage. Mais, il serait injuste et ce serait manquer au devoir de la vérité histoque, d'omettre la juste part d'hommages qui revient au père de Charles-Émile dans la première éducation de cet enfant privilégié (1).

M. Freppel, d'une famille de magistrats, exerçait, à Obernai, les fonctions modestes de greffier à la justice de paix. Mais, homme

---

1. Charles-Émile, le second de ses fils, **avait un frère** aîné, qui mourut prématurément officier d'avenir, presque au sortir de l'École de Saint-Cyr. Le père de Mgr Freppel mourut deux ans avant la prêtrise du futur Évêque d'Angers.

de devoir, il donnait à son fils l'exemple de la pratique grave et convaincue de sa religion, à laquelle il portait un attachement tout alsacien.

Dès qu'il fut en âge de suivre utilement les classes du petit pensionnat d'Obernai, M. Freppel y conduisit son Émile, et l'enfant, du premier jour, s'y montra, par sa dignité précoce, le digne fils d'un tel père.

Les vieux maîtres, surpris et charmés des merveilleuses dispositions de ce petit écolier, ne tarissaient pas dès lors de louanges, et la tradition, à Obernai, raconte que l'un d'eux ne cessait de redire à ses confrères, en empruntant la parole des habitants d'Hébron sur le petit Jean-Baptiste :

— Quel pensez-vous que ce sera cet enfant?

On a dit beaucoup, dans les articles publiés à l'occasion de la mort de l'Évêque-Député, qu'il avait hésité d'abord entre la carrière militaire et l'état ecclésiastique. Rien n'est plus faux. A toutes les questions que lui posaient ses maîtres et ses condisciples, l'enfant répondait toujours résolument :

— Je veux être prêtre !

C'est vers le sacerdoce qu'il orientait déjà toutes ses aspirations et le but de toutes ses études.

Quand on le complimentait sur sa mémoire, qui était prodigieuse, le petit écolier se promettait de l'orner des plus belles pages de nos saints livres et c'était plaisir de l'entendre raconter ces histoires bibliques qu'une persécution haineuse et perfide a soustraites aujourd'hui à la jeune mémoire des petits français, que la secte triomphante veut déchristianiser.

Du premier jour qu'il entre en classe, Émile fut le travailleur qu'on a connu jusqu'à ses derniers instants. Assidu, ce n'est pas assez dire, acharné au labeur de l'écolier, l'enfant ravissait les maîtres et étonnait les élèves.

Ceux-ci essayèrent plus d'une fois de l'entraîner, au sortir de la classe, sur les remparts où la petite jeunesse écolière d'Obernai allait volontiers prendre ses ébats. Il fallut y renoncer, car Émile courait de toute la vitesse de ses jambes au logis paternel, où il reprenait ses livres et semblait prendre ses délices à les traiter comme ses meilleurs amis et son unique distraction.

Sa mère s'inquiéta d'abord de cette assiduité fiévreuse au travail. Mais, l'enfant paraissait si heureux, qu'il fallut céder et le laisser pâlir sur les chers instruments de ce labeur acharné, si étonnant chez un si jeune écolier.

Les cahiers du collège et les souvenirs de ses condisciples témoignent des beaux résultats de cette application. Depuis la sixième jusqu'à la rhétorique, Émile Freppel se maintint constamment au premier rang dans sa classe et, aux jours de distribution des prix, c'est toujours son nom que le palmarès proclamait le premier, en toutes les facultés.

Avec cela, pieux comme un ange, vertueux comme on le raconte des meilleurs écoliers dont on a écrit l'édifiante histoire, nul ne s'étonnait de lui entendre répéter cette parole, qui ne varia jamais sur ses lèvres d'adolescent, marqué au front du sceau mystérieux dont la Providence, qui veille sur l'Église, honore ses élus du sanctuaire, souvent dès les premiers jours de leur enfance prédestinée :

— Moi, je veux être prêtre !

En attendant, l'élève d'Obernai continuait à travailler, pour être un prêtre instruit, capable de répondre aux desseins du ciel sur lui et de tenir un jour l'impiété à longueur de lance.

A dix-sept ans, il était bachelier et entrait aussitôt au grand séminaire de Strasbourg. C'était en 1844.

Les souvenirs du séminaire restèrent vivants dans cette âme ardente. Nous en aurons bientôt plus d'un éloquent témoignage. Ici, nous ne rappellerons que cette évocation, écoutée au milieu d'un silence plus ému que ne l'avoua l'*Officiel*, lorsque, dans la séance du 27 mai 1881, l'ancien séminariste de Strasbourg s'écriait, au Parlement français :

— En vérité, si vous saviez de quelles garanties et de quelles précautions l'évêque cherche à s'entourer, avant d'admettre le jeune séminariste à l'émission de ses vœux ; s'il vous avait été donné d'assister à quelqu'une de ces retraites préparatoires pendant lesquelles nos excellents directeurs de Saint-Sulpice et de Saint-Lazare représentent aux élèves de nos grands séminaires à quels malheurs et à quels périls ils s'exposeraient, en s'engageant dans un état auquel ils ne seraient pas appelés !...

Pour lui, sa vertu éprouvée, l'innocence de sa vie, l'appel de Dieu entendu aux premières lueurs de l'aube de sa vie, devaient rassurer son âme et celle de ses directeurs.

Il eut le bonheur de recevoir le sous-diaconat des mains d'un évêque, dont le regard lumineux pénétra jusqu'à l'intime de cette âme d'élite et lui dicta une résolution, que le jeune sous-diacre allait pleinement justifier.

II

JEUNE PROFESSEUR

Sommaire. — Ce qu'était l'évêque de Strasbourg. — Souvenirs racontés par l'ancien recteur de l'Académie de cette ville. — Mgr Rœss nomme l'abbé Freppel professeur d'histoire. — L'École des Carmes et son fondateur. — M. Cruice veut attirer l'abbé Freppel aux Carmes. — Il y supplée l'abbé Bautain pour le cours de philosophie. — Mgr Rœss le nomme directeur du collège de Saint-Arbogaste. — Un coup de clairon. — Comment le nom de l'abbé Freppel commença à devenir célèbre **dans les rangs du clergé français.** — Il conquiert son titre de docteur en Sorbonne. — On n'arrête pas le cours d'un fleuve. — Souvenirs du premier concours des Chapelains de Sainte-Geneviève. — Les conférences à **la jeunesse des Écoles.** — Le pourquoi prophétique du choix dans le sujet des conférences. — Autres œuvres oratoires entre temps. — En quoi consiste l'œuvre oratoire de l'abbé Freppel **pendant la première phase de** sa vie apostolique. — Un mot juste du Père Ch. Clair.

I

L'Évêque était un grand cœur. Le jeune sous-diacre l'aimait d'instinct, il se sentait de la famille. Jusqu'à la fin, il s'est complu à raconter, sur son vieil et toujours cher évêque de Strasbourg, de charmantes anecdotes. Daignent les lecteurs de ce livre nous permettre d'en redire ici deux, que nous avons bien souvent entendu narrer, dans notre jeunesse, non point à Mgr Freppel, mais à un autre ami, celui-là même en un sens plus intime, du vieux prélat qui eut la gloire de pressentir les futures grandeurs de son jeune ordinand.

Mgr de Strasbourg fut longtemps en correspondance assidue avec un haut fonctionnaire de l'Université, que nous avons beaucoup connu et qui se complaisait à nous initier à ce charmant échange tout littéraire entre le spirituel recteur d'Académie et le savant évêque.

L'universitaire est mort, il y a quelques années, sur nos bords méditerranéens, où il s'était marié, pendant qu'il exerçait les fonctions d'inspecteur d'Académie, à Ajaccio, et peu avant de devenir recteur de l'Académie d'Aix. Il s'appelait M. Cottard et a laissé d'importants travaux de linguistique, appréciés des spécialistes.

Devenu recteur à Strasbourg, M. Cottard y fit la connaissance de l'abbé Rœss, alors en disgrâce, à la suite des célèbres démêlés suscités par l'école Bautain. Ils se lièrent d'amitié si étroite que le recteur n'hésita pas à donner l'hospitalité, au palais de l'Académie, à l'ecclésiastique disgracié. Le siège de Strasbourg devint vacant. M. Cottard, qui jouissait de la confiance de M. Guizot et de l'amitié de M. Villemain, partit pour Paris et en revint avec la nomination de l'abbé Rœss à l'évêché de Strasbourg.

Le jour du sacre, nous a souvent raconté l'ancien recteur, au repas qui suivit la cérémonie, Mgr Rœss donna la place d'honneur à un paysan, vêtu comme le sont les gens de la campagne en Alsace, et dit au cardinal consécrateur :

— Éminence, mon frère s'est trouvé de bonne heure chef de la famille par le fait de la mort prématurée de mon père. Je lui dois mon éducation. Permettez que je le place, comme j'aurais placé mon père, s'il était encore de ce monde !

La mère du nouvel évêque, retenue par son grand âge, n'avait pu assister à la cérémonie. Le lendemain, Mgr Rœss pria M. Cottard de l'accompagner au village, où la sainte femme demeurait.

« Quand nous arrivâmes, nous racontait encore M. Cottard, Mme Rœss me pria de la laisser seule avec son fils et passa dans une pièce voisine, d'où l'évêque sortit, après un assez long temps, fondant en larmes.

« Ma mère, dit-il à son compagnon, quand ils furent partis, m'a conduit dans sa chambre, et là, debout, d'une voix ferme, elle m'a dit :

— C'est ici, mon fils, la chambre où tu es né, c'est ici que Dieu m'a donné sur toi l'autorité d'une mère. Ne l'oublie pas, tout évêque que tu sois, je garde mes droits sur mon enfant. Si j'apprenais que tu ne remplis pas tous tes devoirs comme on l'attend de toi, j'aurais encore la force de t'aller trouver à Strasbourg et te rappeler tes obligations...

« Puis, la noble chrétienne s'arrêta. Elle fit un pénible effort sur ses jambes vacillantes, et, s'agenouillant humblement :

— Et maintenant que j'ai rempli mon devoir, ajouta-t-elle, Monseigneur, bénissez-moi ! »

II

Cet évêque, si digne de cette grâce, reçut comme un esprit de prophétie sur le jeune sous-diacre de l'ordination de 1848.

Il le tira aussitôt hors des rangs et, estimant que sa gravité précoce méritait ce privilège, il fit du brillant séminariste un maître et improvisa professeur le jeune élève, dont on lui rendait si bon témoignage.

C'est au petit-séminaire de Strasbourg que l'abbé Freppel, à peine âgé de vingt et un ans, fit l'apprentissage du professorat. Mgr Rœss lui confiait la chaire d'histoire, il la remplit avec une distinction, dont on parla bientôt hors du petit-séminaire. Non content d'élever son

enseignement des faits à la hauteur d'un cours
d'apologétique, le jeune régent d'histoire, toujours à l'affût des moindres découvertes de la
critique alors dans tout l'éclat de ses premières
ardeurs, se tenait au courant de toutes les
controverses.

En ce moment précisément, à Paris, ache-
vait de s'édifier, au prix de labeurs inouïs, une
institution, qui fut l'une des plus grandes
pensées de l'épiscopat de Mgr Affre.

Un artiste, offrant un jour au futur martyr
de la charité pastorale une médaille dont un
côté représentait le portrait de l'Archevêque,
lui demandait quel sujet conviendrait au
revers. Mgr Affre proposa la façade de l'église
des Carmes, avec cette inscription : *Pietati*
litteras adjunxit (1).

---

1. Il a uni les lettres à la piété.

Le 27 décembre 1849, l'abbé Freppel célébrait sa première messe à Blienschwiller. Sa mère, qui s'était retirée
dans cette paroisse, eut ce jour-là sa première consolation
de veuve : M. Freppel était mort depuis deux ans. Quelques mois après, on installait l'abbé directeur du collège
de Saint-Arbogaste, à Strasbourg. Il ne devait occuper qu'un

Cette maison de hautes études ecclésiastiques date de 1843. De cette année datent aussi

an ce poste honorable : sa destinée était ailleurs. Mais, avant de franchir le seuil de la carrière illustre de Charles-Émile, je m'arrête un instant, Mes Frères, à un détail concernant l'homme intime, qui explique par conséquent l'homme de l'action extérieure.

Au moment où l'abbé allait s'engager irrévocablement au service des autels, il fit par écrit un pacte religieux avec un de ses amis les plus chers; la teneur en a passé sous nos yeux. Il s'agit de stipuler les conventions de l'affection sainte qui doit les unir, pour le profit spirituel de chacun d'eux. Ce document de jeunesse cléricale n'a rien de commun, dans son style, avec les effusions tendres dont le cœur abuse parfois, au détriment des fortes résolutions. L'amour de Dieu y éclate par des faits plus que par les protestations sentimentales. Tout y est énoncé gravement, posément, dans des considérations pratiques qui ont tout prévu et tout réglé sans ménagement. A la fin le cœur se met de la partie en montant, dans un élan superbe, jusqu'à Dieu, pour le prendre à témoin de la sincérité du contrat. On compte sur la grâce de Jésus-Christ, on lui promet en retour la correspondance à sa grâce, et les deux signatures sont loyalement apposées.

Depuis, les deux amis, le pacte en main, ont paru devant le Très Haut. De son côté le ciel a tenu parole en bénissant visiblement la carrière de l'un et de l'autre. Nul doute qu'au moment du contrôle divin, l'Éternel, en appliquant son visa, n'ait prononcé ce mot si doux à entendre : Fidélité réciproque. *Intra in gaudium Domini.*

Cette pièce est datée du jour de Pâques, 23 mars 1843. (MGR GONINDARD, *Oraison funèbre de Mgr Freppel.*)

les premiers succès, dans la carrière des lettres
chrétiennes, de l'ecclésiastique éminent que
Mgr Affre chargea de la fonder. L'abbé Patrice
Cruice, qui devait mourir évêque de Marseille,
fut nommé directeur de l'école, et Mgr Affre
se reposa sur lui d'une fondation qui répondait
à une bien grande et bien féconde pensée. Les
lettres, les sciences, de fortes études théolo-
giques, tel était le programme confié au zèle
du jeune fondateur. Dix-huit mois après,
l'École des Carmes comptait dix de ses élèves
ecclésiastiques licenciés ès-lettres.

Mais, au prix de quelles peines et de quelles
difficultés il avançait dans sa tâche, l'abbé
Cruice l'exposait, avec une filiale simplicité, à
l'archevêque, qui lui répondait :

— Souvenez-vous, mon cher ami, que nous
fondons une colonie. Les colons ont toujours
plusieurs années improductives, sans compter
la stérilité qui a sa cause dans l'intempérie des
saisons; ils sont obligés de se consoler par des
espérances en attendant qu'ils aient pu bâtir,
rendre plus meuble une terre inculte, l'engrais-

ser et y planter les fruits nourriciers de l'homme. Voilà notre sort. Les colons, qui ne se découragent pas, finissent par triompher de tous les obstacles. Ainsi ferons-nous, mon cher ami, si nous avons du courage, de la persévérance, et si nous méritons que Dieu bénisse nos efforts.

Ces efforts seront bénis, et quand le zélé et persévérant directeur de l'École des Carmes quittera sa chère fondation pour venir occuper, sur les rivages de Provence, l'antique siège de saint Lazare, l'ami de Jésus, il comptait, parmi ses anciens élèves, dans tous les diocèses de France, un très grand nombre de docteurs et de licenciés ès lettres ou ès sciences; il eut la consolation de voir plusieurs de ses gradués diriger à leur tour les écoles diocésaines, il comptait, dans l'armée, un grand nombre d'officiers élevés à cette école préparatoire qu'il annexa plus tard à l'école normale ecclésiastique.

L'abbé Cruice entendit parler des succès et du zèle pieux du jeune professeur d'histoire au petit séminaire de Strasbourg, qui venait d'être ordonné prêtre, avec dispense d'âge, avant d'avoir achevé sa vingt-troisième année. C'était en 1850.

Mgr Affre était mort glorieusement sur les barricades, donnant, comme le bon pasteur, son sang pour ses brebis. L'archevêque, qui lui succédait sur le trône de saint Denys, héritait de ses prédilections pour l'École des Carmes. Lorsque l'abbé Cruice parla à Mgr Sibour de son dessein, le nouvel archevêque de Paris prit feu et, sans tarder, il écrivit à l'abbé Freppel pour lui offrir la chaire de philosophie à l'École, où il trouverait le moyen d'unir, selon la devise de Mgr Affre, la piété qui lui était chère au culte des belles-lettres. L'abbé Freppel n'y devait guère demeurer.

Mgr Rœss, ayant à cœur de conserver au diocèse natal un ecclésiastique de si grand avenir, essaya de l'y faire revenir, en le nommant directeur du collège Saint-Arbogaste.

L'abbé Freppel n'avait que vingt-trois ans.

S'il avait vécu assez pour en être témoin, le vieux régent d'Obernai, en présence de cette fortune rapide qui présageait tant de gloire, se fût rappelé sa question souvent répétée et, pour un peu, se serait cru doué du don de prophétie.

— Quel pensez-vous que sera cet enfant?

III

On était en 1852. Le camp des catholiques se passionnait pour une foule de questions, qui restaient vives et ardentes, témoignage du feu qui dévorait l'âme des défenseurs de l'Église en France depuis le grand mouvement inauguré par l'École menaisienne.

Entre autres sujets de controverse, moins heureux les uns que les autres, qui divisaient nos forces, surgit la célèbre question du Traditionalisme, qui fut l'occasion de tant de lances brisées entre M. Bonnetty, le directeur des

Annales de philosophie chrétienne, et l'abbé Maret
devenu professeur à la Faculté de théologie d[e]
Paris. Le clergé français assistait attentif [à]
cette lutte, lorsque, tout à coup, d'Alsace arriv[a]
une sonnerie retentissante. Le coup de clairon
sonné par le jeune supérieur de Saint-Arbogaste, remua les spectateurs. L'abbé Freppe[l]
se prononçait, avec une énergie et une éloquence toutes neuves, contre les opinions d[e]
M. Bonnetty, qui, plus tard, comme on sai[t],
furent condamnées par le Saint-Siège.

L'adversaire du Traditionalisme, qui ava[it]
deviné les futures condamnations de Rome,
fut tout à coup acclamé, dans les rangs d[u]
clergé français, comme une recrue de choix.
Dès lors, son nom, la veille encore à peu près
inconnu, devenait célèbre.

Il ne négligeait pas pour cela ses devoirs d[e]
directeur du collège. Il y déployait, au contraire, cette activité dévorante qui le rendr[a]
plus tard capable de suffire à tant et de si difficiles besognes.

A son poste, et sans négliger aucun de se[s]

devoirs professionnels, le jeune prêtre parache-
vait ses études ecclésiastiques et se préparait à
conquérir, avec une rare distinction, ses gra-
des de docteur en Sorbonne.

IV

On n'arrête pas le cours d'un fleuve. Tout
indiquait à l'abbé Freppel que la Providence
l'attirait hors du diocèse natal. Mgr Rœss le
comprit et il ne mit plus obstacle à l'esprit
qui appelait, loin du berceau de sa vie sacerdotale, ce prêtre que l'Église de France attendait sur un théâtre plus en vue.

Celui qui écrit ces pages a bien souvent
entendu raconter à son vénéré maître, Mgr de
la Bouillerie, de quelle admiration fut saisi le
jury, appelé à juger des mérites comparatifs

des jeunes prêtres dans le concours établi par
Mgr Sibour pour la nomination des six premiers chapelains de Sainte-Geneviève.

Les deux plus brillants candidats furent
sans conteste l'abbé Freppel de Strasbourg et
l'abbé Bayle de Marseille. Si l'aimable facilité
d'élocution et la grâce du langage donnèrent à
ce dernier le premier rang du concours, la
solidité des réponses et l'érudition précoce
dont fit preuve l'abbé Freppel lui assurèrent
un second rang très glorieux après l'abbé
Bayle (1).

Cette institution des chapelains de Sainte-
Geneviève avait surtout pour but, dans la
pensée de l'Archevêque fondateur, de donner
à Paris et à la France des prédicateurs, formés
par une étude plus approfondie des besoins
de la parénétique contemporaine et exercés

---

1. L'abbé Bayle eut à improviser sur *la douceur*, l'abbé
Freppel sur *la pensée de la mort*. Après avoir entendu le
jeune orateur, deux des juges, Mgr Dupanloup et
Mgr Cœur, adressèrent les plus vives félicitations au
jeune lauréat.

par une pratique bien faite pour redresser ce qu'il pouvait y avoir de défectueux dans leur méthode personnelle.

C'était une belle inspiration de placer ce programme sous la garde de la patronne de Paris, dans cette église de Sainte-Geneviève, que le nouveau gouvernement venait de rendre au culte catholique, aux applaudissements de la France chrétienne, ravie de voir se rouvrir un sanctuaire si digne de la vénération du pays. Hélas! le sanctuaire s'est refermé, et les saintes images de la douce bergère qui protège la capitale de la France semblent se demander pourquoi les chants sacrés et l'encens pur de la liturgie ne montent plus sous ces voûtes, d'où l'on a chassé de nouveau l'hôte divin des tabernacles eucharistiques pour lui substituer un culte tout profane... Mais, n'insistons pas sur ces lamentables égarements de l'heure difficile que traverse notre Église et revenons à cette heure où l'abbé Freppel parut, pour la première fois, sous ces voûtes maintenant muettes.

La jeunesse des Écoles, accourue des points les plus divers de ce quartier que la tradition, fidèle aux vieux souvenirs de l'antique Université de Paris, appelle encore le quartier latin, attend, avec une visible impatience, le jeune orateur.

Sa gravité ne rebute point la jeunesse, elle revêt de douces « attirances » et on sent si bien, au premier mot tombé de ses lèvres éloquentes, que l'apôtre convaincu des dogmes chrétiens aime les jeunes gens !

On a imprimé et réimprimé ces conférences de Sainte-Geneviève, où le jeune chapelain donna tout de suite la mesure de sa valeur oratoire et de son talent déjà mûr.

Comme par une sorte de pressentiment apostolique, il a deviné quel terrain l'ennemi se dispose à choisir pour l'attaque retentissante qui se prépare. Elle partira des rangs de ce professorat que les chapelains de Sainte-Geneviève voudraient rechristianiser, pour le rendre digne des nobles traditions de l'ancienne Université de Paris. C'est du cœur même de la croyance catholique que vient l'ennemi, sorti de nos rangs pour porter au camp de l'erreur des armes qu'il a fourbies dans les murs mêmes du séminaire et comme dans le sanctuaire.

C'est l'adversaire même dont nous voulons parler qui l'a écrit :

« On raconte que, quand les missionnaires de Rome, après avoir converti au catholicisme les Saxons de Northunbrie, les engagèrent à renverser eux-mêmes les idoles que jusque là ils avaient adorées, nul n'osa porter la main sur ces images, longtemps consacrées par la foi et la prière.

« Au milieu de l'hésitation générale, un prêtre se leva et abattit d'un coup de hache le Dieu dont il connaissait mieux que personne la vanité.

« L'attaque du prêtre a toujours ainsi un caractère particulier de froideur et d'assurance ; on sent dans les coups qu'il porte une sûreté de main que le laïque n'atteint jamais (1).

---

1. M. Xavier Marmier, académicien comme M. Renan, dit un jour à son confrère :

— « Vous rappelez la légende du roi d'Ys, enseveli avec

Celui-ci, habitué à regarder de loin le sanctuaire, ne s'en approche qu'avec respect, même quand la divinité l'a quitté ; mais le prêtre, qui en connaît les secrets, l'ouvre et le livre aux regards avec l'audace d'un familier. »

C'est de Lamennais que M. Renan a écrit ces choses. Hélas ! ne peuvent-elles s'appliquer à d'autres qu'au malheureux auteur des *Paroles d'un croyant !*...

Quoi qu'il en soit, lorsque le livre, dont nous voulons parler, viendra à paraître, portant la hache sur notre dogme le plus sacré et sapant par la base le fondement même du catholicisme, les jeunes auditeurs du chapelain de Sainte-Geneviève seront fortifiés et puiseront, dans les souvenirs des *Conférences*

---

son royaume dans les profondeurs de l'Océan. En se penchant sur les flots par un temps calme, on croit apercevoir encore les flèches des églises ; l'oreille attentive écoute le bruit des cloches. Je pense, ajouta le charmant et respectable écrivain, qu'en vous penchant sur votre cœur, vous devez entendre quelquefois encore sonner les cloches de vos croyances. »

Et M. Renan répondit : « C'est vrai. »

de leur cher orateur *sur la Divinité de Jésus-Christ*, un affermissement dans leur foi, contre les blasphèmes du nouvel Arius.

Entre temps, le pieux et disert chapelain de Sainte-Geneviève ne se refusait pas à faire entendre sa voix, désormais consacrée par une juste renommée d'éloquence, partout où la confiance des pasteurs et le vœu des fidèles le faisaient convier.

Il prêcha l'Avent et le Carême à la Madeleine, puis à Saint-Roch, à Sainte-Clotilde, à Saint-Louis d'Antin, à Notre-Dame de Lorette, à Saint-Germain-l'Auxerrois. Il y était encouragé, non seulement par les concours toujours plus empressés et par les affluences d'élite qu'attirait sa parole très classique, très convaincue et toujours entraînante, mais surtout par les fruits vraiment merveilleux que la grâce de Dieu semblait se plaire à faire naître autour de sa chaire.

Souvent aussi, en des occasions solennelles, quand il s'agissait de prononcer l'éloge funèbre de personnages marquants ou le panégyrique de saints patrons, l'abbé Freppel apportait le secours de sa diction toujours plus châtiée et plus émouvante.

L'œuvre oratoire de cette première phase de la vie de Mgr Freppel consiste surtout dans les vingt-sept discours ou panégyriques qui forment la matière de deux gros volumes et qui furent publiés en 1869. Ils ont tous cela de commun qu'ils font ressortir l'étroite union, l'alliance intime de ces trois grandes choses, les plus précieuses qui soient au monde : la religion, la science et la patrie. En les lisant, on croirait parcourir un de ces monuments augustes où de pieuses mains rassemblent tout ce qui est le plus propre à élever l'âme. Au seuil, se dressent, en face l'une de l'autre, deux images vénérées: la Bible, manifestation écrite de la vérité divine ; la Papauté, manifestation vivante de la divine autorité.... Si nous pénétrons plus avant, nous voyons apparaître à nos regards, d'abord groupées, comme en un vaste panorama, toutes les gloires religieuses de cette France, qui porte au front la triple auréole du confesseur, de l'apôtre et du martyr ; puis, tour à tour, chacun de ces grands saints, qui par leurs bienfaits séculaires, leur naissance ou leur séjour sur notre sol, sont devenus nos patrons aimés et populaires... Mais si la France est inséparable de l'Église catholique, la science est étroitement unie à toutes les deux. On en trouve la preuve dans la série de discours dont nous ne pouvons hélas ! que citer les titres : *Harmonie des Sciences avec la Religion ; Droits et devoirs de 'a Science ; Rapport de la Religion et de l'Art*, etc.

« L'auteur, a-t-on dit, montre l'Église pour guide, la science pour arme, la France pour auxiliaire, le siècle présent peut tout espérer, car il peut, avec ce triple secours, éviter les périls et profiter de tous les avantages de la civilisation moderne. « Les périls et les avantages de la civilisation moderne » tel est le sujet d'une conférence prononcée par M. l'abbé Freppel, en 1868, à la rentrée des Facultés et des écoles.... Rien de mieux pensé, rien de plus sage, rien de plus utile à méditer. »

L'appréciation est d'un bon juge, le Père Ch. Clair. Elle ne saurait être mieux justifiée, comme nous l'allons voir.

III

A LA SORBONNE

Sommaire. — Mgr Freppel raconte à la Chambre les origines de l'institution des Chapelains de Sainte-Geneviève. — Ce qu'elle a produit en trente ans. — Attila et les Huns contemporains. — Ils ne savent rien ! — Les grands hommes au Panthéon. — Lettre au cardinal Guibert et accents d'espérance. — L'abbé Maret propose l'abbé Freppel à Mgr Sibour pour une chaire en Sorbonne. — J'ai eu l'honneur de professer pendant douze ans dans une faculté de l'Université. — Le plaidoyer en faveur du maintien des facultés de théologie. — Interrupteurs désarmés. — Rires vainqueurs. — La Sorbonne ne sera plus qu'un souvenir historique. — Prophétie.

I

Le zélé chapelain garda, de son séjour à Sainte-Geneviève, un souvenir qui lui inspira, plus d'une fois, de nobles paroles.

Un jour, il raconta, à la Chambre qui l'avait oubliée, l'histoire de cette institution que la secte avait dès lors juré de détruire. Il rappela comment elle naquit de l'inspiration d'un vicaire général de Paris, auquel l'ancien chapelain conservait une mémoire reconnaissante.

« Esprit élevé, dit-il, orateur remarquable, ancien élève de M. Cousin, condisciple et émule de Jouffroy et de Damiron, M. l'abbé Bautain, dont tout le monde connaît le mérite philosophique et littéraire, se préoccupait avant tout de mettre à profit la réouverture de l'église Sainte-Geneviève (1) pour les intérêts de la science et de l'éloquence sacrée. Il partait de ce fait avéré, incontestable, que l'éloquence de la chaire est une de nos plus belles gloires nationales, celle de toutes qu'on peut le moins nous contester. Dans toutes les autres branches de la science et de l'art, en philosophie, en littérature, en poésie, les nations étrangères peuvent nous disputer la palme ; mais des noms qui aient marqué dans l'éloquence de la chaire

---

1. Rendue au culte par le décret du 6 décembre 1851.

à l'égal de Bossuet, de Bourdaloue, de Fénelon,
de Massillon, en dehors de la France, on n'en
citerait pas un. Leur supériorité est assurée et
leur gloire est sans rivale. (*Très bien! très
bien! à droite.*)

« Pourquoi ne pas reprendre ces nobles
traditions ? Pourquoi ne pas ouvrir au clergé
de France une grande école, une école centrale,
une école normale d'orateurs sacrés? Pourquoi
ne pas établir de concours où l'on ferait appel
à tous les talents, à toutes les aptitudes, pour
faire refleurir une branche si importante de la
littérature nationale? Avec sa large enceinte,
avec ses vastes auditoires, avec ses grands souvenirs religieux et patriotiques, la basilique
de Sainte-Geneviève semblait tout naturellement marquée pour un tel but. Ce que serait à
l'égard du clergé de France l'école des Carmes
pour l'érudition profane, la Sorbonne pour la
théologie, Sainte-Geneviève allait le devenir
pour l'éloquence sacrée. Et cette trilogie de
la science, de la théologie et de l'éloquence
sacrée permettrait de continuer des traditions

3.

qui sont une partie intégrante de notre patrimoine national.

« Ainsi raisonnaient l'éminent penseur que
je viens de nommer et ceux qui ont eu la
bonne fortune de collaborer à son œuvre. Eh
bien, messieurs, je défie qui que ce soit, dans
cette enceinte et au dehors, voire même
M. Benjamin Raspail, de dire que ce n'était
pas là une grande et belle pensée, une
pensée éminemment chrétienne et patriotique.

« Mais, lui objectera-t-on, cette pensée
a-t-elle été féconde?

« Mon Dieu, messieurs, répond le spirituel
prélat, je ne ferai aucune difficulté d'en conve-
nir, il n'en est pas sorti, dès les premiers jours
des Bossuet ni des Massillon, pour la raison
bien simple que les hommes de génie sont
rares en religion comme en politique (*Marques
d'adhésion à droite*) ; et, quoi qu'en ait dit le
poète, il ne suffit pas d'un regard de Louis
pour enfanter des Corneille. Le génie a ses
temps d'arrêt, et la nature semble se reposer

aujourd'hui plus que jamais (*ah! ah! à gauche*), des efforts qu'elle a faits dans les temps passés. (*Rires.*) Si l'on ne voit pas surgir des Bossuet et des Massillon, je ne m'aperçois pas davantage que les Berryer et les Mirabeau soient très nombreux, soit dit en passant et sans vouloir blesser aucun orateur de cette Chambre.... »

L'éloquent défenseur de l'institution battue en brèche par les sectaires fait ensuite le relevé des ecclésiastiques sortis en trente ans de Sainte-Geneviève, savoir : six archevêques et évêques, quatre vicaires généraux, un chanoine de Saint-Denis, un chanoine titulaire, un curé de Paris, trois premiers aumôniers de l'armée en 1870-71, six docteurs ès lettres, sept licenciés ès lettres, un docteur en droit, seize docteurs en théologie, deux supérieurs de collège, neuf professeurs à la Sorbonne et à d'autres facultés de l'État, plusieurs lauréats de l'Académie française et de l'Académie des inscriptions et belles-lettres.

En fallait-il davantage pour justifier ce cri du

cœur, qui termina cette belle défense, présentée à des sourds volontaires (1)!

« Pour moi, qui aurai eu cette douleur, une des plus grandes de ma vie, de voir profaner une église où se sont passées les meilleures années de ma jeunesse sacerdotale, j'irai dans ce temple dont vous aurez fait un désert sans âme et sans vie ; j'irai au milieu de cette insurrection de paganisme prier la patronne de Paris d'obtenir de Dieu qu'il épargne à la France les malheurs que pourrait lui attirer une pareille profanation. »

II

C'est dans cette même harangue qu'il avait magnifiquement vengé la mémoire glorieuse de sainte Geneviève (2). A un moment, il fut

1. Séance du 19 juillet 1881. *Œuvres polémiques*, 3ᵉ série.
2. L'abbé Freppel devint, en 1867, doyen des chapelains, après MM. Dauphin et Duquesnay.

mené à invoquer le témoignage de Grégoire de Tours qu'il appela « le père de notre histoire nationale ».

Quelques sots interrupteurs à gauche crurent spirituel de pousser des Oh ! Oh !

— Alors, fit l'orateur en se tournant vers les bancs d'où partaient ces ineptes réclamations, alors, vous ne connaissez pas même Grégoire de Tours ?... Ils ne savent rien.

Et, comme les ignorants, cinglés au visage, hurlaient de rage ;

— Oh ! du reste, ajouta l'évêque d'Angers, vous ne m'intimiderez pas.

Le souvenir de ce qui s'était passé, quelques mois auparavant, à la séance du 5 mars 1881, contint les colères des interrupteurs.

Ce jour-là, on lui objectait que Sainte-Geneviève, rendue au culte, se refusait à abriter les cendres des grands hommes de la France. Mgr Freppel bondit sous l'outrage.

— Qu'il vienne donc à mourir quelque grand homme, s'il y en a....

La restriction amena une explosion de murmures. L'orateur se borna à sourire et dit finement :

— Vous êtes trop modestes, messieurs !

Puis, comme le silence s'était rétabli, il reprit résolument :

« Qu'il vienne à mourir quelque grand homme, estimé tel au jugement de ses contemporains, à l'instant même, les caveaux de l'église Sainte-Geneviève pourront s'ouvrir devant sa dépouille mortelle…

« A ce sujet, permettez-moi de vous dire ce qui s'est passé dans les trente dernières années.

« Pendant le temps où j'ai eu l'honneur — je suis bien obligé de me mettre ici personnellement en cause — d'être chapelain ou doyen de Sainte-Geneviève, la France a eu à regretter la mort de quelques personnages qui avaient rendu de grands services à leur pays. »

A ces mots, un membre à gauche crut devoir s'écrier :

— Il y en a donc !

— Il y en avait, répliqua Mgr Freppel, et il continua sans plus s'émouvoir :

« Nous n'avons pas hésité à manifester le désir de voir leurs dépouilles mortelles transportées dans les caveaux de l'église Sainte-Geneviève.. »

— Je le crois bien, interrompit Benjamin Raspail, cela vous rapportait de l'argent.

Mgr Freppel, dont tout le monde savait les habitudes larges et désintéressées, se borna à regarder de haut le pauvre interrupteur, qui cherchait à rapetisser ainsi le débat, et laissa tomber sur lui cette simple réplique méprisante :

— Votre interruption, monsieur, est inconvenante !

Puis, il acheva le récit de ses souvenirs personnels :

« Eh bien ! messieurs, nous avons toujours échoué, devant quoi ? devant le refus des familles. Ce n'est pas notre faute, si les grands hommes ne sont pas plus nombreux, ou si, étant nombreux, ils préfèrent être enterrés à côté des membres de leur famille. (*Très bien ! à droite.*) Mais, de la part du clergé catholique, il n'y a jamais eu d'opposition à la sépulture des grands hommes dans les caveaux de Sainte-Geneviève. »

C'est en terminant cette harangue de 1881 que l'éloquent évêque s'écria :

— Messieurs, vous ne voudrez pas qu'il soit dit qu'à quatorze siècles de distance, sous d'autres noms et sous d'autres formes, Attila et les Huns ont pris leur revanche contre sainte Geneviève.

III

Il était à Angers, lorsque, au mois de juin 1883, il apprit que l'on venait enfin d'enlever au culte catholique l'église patronale de Paris, mesure que ses éloquentes revendications n'avaient pu que retarder. Aussitôt, il reprit la plume, pour écrire au cardinal Guibert cette éloquente lettre où, « à titre d'Évêque et en qualité d'ancien doyen de Sainte-Geneviève », il protestait contre une désaffectation, « aussi blessante pour la religion catholique qu'arbitraire et illégale » (1).

Il y rappelait avec une complaisance émue, « les grandes solennités où les Facultés de l'État venaient, le ministre de l'Instruction publique à leur tête, inaugurer leurs travaux dans le sanctuaire qui couronna la montagne Sainte-Geneviève ».

— Nous y avons vu également, dans des temps meilleurs que le nôtre, les élèves de toutes les écoles primaires de Paris venir fêter cette sublime enfant du peuple qui partage avec Jeanne d'Arc l'honneur d'avoir délivré la patrie.

En terminant, il exprimait la ferme espérance que, « ce qu'un simple acte administra-

____

1. Lettre du 3 juin 1885. *Œuvres polémiques*, 2ᵉ série.

tif a pu faire, un autre pourra le défaire au
même titre. »

— Ces reliques de sainte Geneviève, devant
lesquelles nous aimions à prier pour la patrie
française, ils (les hommes qui auront l'honneur d'accomplir cet acte de justice) les repla-
ceront sous les voûtes qui, dès l'origine, avaient
été destinées à les recevoir. Cette croix, abat-
tue dans un moment d'oubli, remontera au
sommet sacré d'où elle dominait la capitale;
et le jour où nos prières auront obtenu cette
réparation, sera un jour de joie pour Paris et
pour la France.

IV

Dès qu'il fut nommé doyen de la faculté de
théologie, l'abbé Maret qui, cependant, comme
on va voir, nourrissait quelques préventions
contre le jeune chapelain dont l'ardent dévouement aux plus pures doctrines romaines n'étai

pas pour plaire au futur opposant du Concile, s'honora d'écrire, à son sujet, en décembre 1853, à Mgr Sibour :

— De la sagesse dans l'esprit, une grande exactitude dogmatique, la facilité de l'érudition, le talent d'exposition, telles sont les qualités du bon professeur de droit ecclésiastique. Elles me paraissent se trouver dans M. Freppel, malgré sa jeunesse et peut-être aussi une confiance trop juvénile dans ses forces. A ces qualités, il faut ajouter que toutes les sources allemandes sont accessibles à M. Freppel; cette condition me paraît de rigueur pour un professeur de droit canonique, à cause des travaux considérables qui ont été faits en cette matière chez nos voisins d'Outre-Rhin.

Ce ne fut pas la chaire de Droit Canon, mais bien celle d'Éloquence Sacrée qui fut attribuée au jeune chapelain. Parlant des qualités nécessaires au professeur de cette chaire qu'il voulait faire attribuer à l'abbé Cruice, M. Maret, à son insu, traçait le portrait achevé des qualités de l'abbé Freppel.

— Un cours d'éloquence sacrée, disait-il, doit être, à mon sens, un cours de patrologie envisagé principalement sous le rapport littéraire. On ne demande pas à un professeur de Sorbonne des préceptes d'éloquence qu'on a déjà étudiés en rhétorique, ni surtout des sermons. *L'Histoire de la littérature ecclésiastique*, principalement à l'époque des Pères, voilà ce qui convient, et ce qui pourrait être d'une utilité immense. Le professeur d'éloquence sacrée doit donc réunir à une connaissance étendue de l'antiquité ecclésiastique des aptitudes littéraires très développées.

V

Les facultés de théologie, malgré les lacunes de leur organisation et l'insuffisance de leur rôle vis-à-vis du clergé, n'en étaient pas moins une fort utile institution, glorieuse pour l'Église de France.

Le nouveau professeur de Sorbonne l'a toujours estimé ainsi, et Alphonse Gent n'a jamais perdu le souvenir de la verte réplique qu'il s'attira, pour avoir oublié que le député du Finistère avait été professeur de faculté.

C'était à la séance du 9 juillet 1881, Mgr Freppel y parlait contre la suppression de l'aumônerie de l'École Normale supérieure. Il disait :

« Permettez-moi, pour le moment, d'être plus universitaire que vous-mêmes, et de prendre en main la défense des véritables intérêts d'une institution qui, malgré les défauts qu'on peut lui reprocher, ne laisse pas d'être l'une des forces intellectuelles et scientifiques de la France... »

Sur quoi, Alphonse Gent crut plaisant d'interrompre :

— Elle préférerait un autre avocat.

L'ancien professeur de Sorbonne se tourna vers l'interrupteur :

— On me dit que l'Université préférerait

un autre avocat; il me sera permis de répondre à mon interrupteur que j'ai eu l'honneur de professer, pendant douze ans, dans une faculté de l'Université, et qu'il n'en peut pas dire autant (1).

On le vit encore mieux, le jour où, les facultés de théologie succombant sous les corps d'adversaires systématiques, Mgr Freppel trouva, dans ses convictions, dans ses souvenirs et dans son cœur, le plus éloquent des plaidoyers qu'il fût possible de leur consacrer. Écoutons-le demander :

« Les facultés de théologie méritent-elles de conserver dans l'instruction publique la place qu'elles y occupent depuis soixante-dix ans, je devrais dire depuis qu'il y a des universités au monde, puisque les facultés de théologie ont été le noyau primitif de tous ces établissements...

« Si l'on posait une pareille question en Angleterre ou en Allemagne, à Oxford comme

---

1. *OEuvres polémiques*, 3º série.

Cambridge, à Bonn comme à Leipsick, à Berlin comme à Vienne, elle y causerait une profonde surprise : catholiques, protestants, libres penseurs, tous répondraient d'une voix que, à quelque point que l'on se place, la théologie a son rang marqué dans l'ensemble des études universitaires, et qu'un enseignement supérieur d'où l'on voudrait l'exclure systématiquement ne serait plus qu'un enseignement décapité. (*Exclamations à gauche. — Très bien ! très bien ! à droite.*)

« Voilà ce que l'on répondrait à une pareille question dans tous ces pays, où la science est en honneur au moins autant que parmi nous. Et pourquoi ? Parce que, en raison même de sa nature et de son objet, la théologie a toujours été et restera toujours la première de toutes les sciences. »

Malgré les exclamations et les ricanements de la gauche, l'orateur prouva son dire. Puis, il en vint à rappeler les services rendus par les facultés ses clientes, et les hommes qui les avaient illustrées en ce siècle, l'abbé Guillon, l'abbé Glaire, l'abbé Maret, l'abbé Bautain, l'abbé Gratry, à Paris.

La gauche interrompait toujours, l'orateur lui lança ce sarcasme vengeur :

— Ce sont des noms qui peuvent être inconnus de ceux qui m'interrompent, mais, Dieu merci ! ils sont connus du monde savant.

Et il continua son énumération, citant l'abbé Pavy et l'abbé Plantier à Lyon, l'abbé Ginoulbiace à Aix, l'abbé de Salinis à Bordeaux, qui ont résumé leurs cours dans des livres qui font honneur à l'Université de France, non moins qu'à l'Église.

De plus en plus furieuse, la gauche ne cessait d'interrompre, au point que le comte de Mun, indigné, crut devoir crier à l'orateur :

— Attendez le silence. Ces interruptions sont intolérables.

— Elles sont d'autant plus inutiles, répondit le fier député du Finistère, qu'elles ne lasseront pas ma patience, et ne fatigueront pas ma voix. (*Très bien ! très bien, à droite.*)

On lui objectait que l'auditoire des facul-

…tés de théologie était principalement laïque.

— Messieurs, répondit-il, loin de m'émouvoir de ce fait, j'en suis fort aise. Depuis quand est-il interdit aux laïques d'étudier la théologie ? Comment ! vous voulez laïciser toutes choses, et vous trouvez mauvais que les laïques composent en majeure partie l'auditoire des facultés de théologie ?

La droite partit d'un franc éclat de rire. La gauche se tut un instant, et Mgr Freppel put continuer :

— N'est-il pas bon, au contraire, n'est-il pas utile que les jeunes étudiants en droit ou en médecine, que les futurs professeurs de mathématiques ou de belles-lettres, prennent au moins quelque teinture de cet ordre de choses et d'idées autour duquel l'humanité s'est agitée, s'agite encore et s'agitera toujours.

Cela dit, le spirituel orateur décoche un trait, qui va droit viser et atteindre en pleine poitrine l'adversaire acharné des facultés menacées.

— Est-ce que l'honorable M. Jules Roche ne doit pas une partie de son érudition ecclésiastique à l'assiduité avec laquelle il suivait les cours de son oncle, l'un des professeurs les plus distingués de la Sorbonne (1) ?

Cette fois, l'éclat de rire fut général, et, en concluant au milieu d'une attention enfin domptée, l'éloquent défenseur d'une cause condamnée d'avance put s'écrier, au milieu d'applaudissements qui couvrirent les excla- mations des adversaires :

— Le jour où vous exclurez de la Sorbonne la faculté de théologie qui lui a donné son nom, il n'y aura plus de Sorbonne. Vous pou- vez, si vous le voulez, conserver ce nom à votre grand établissement universitaire, mais ce nom, il ne le méritera plus.

Et, comme la gauche s'exclamait, il ajouta d'un ton de voix plus énergique encore :

— La Sorbonne ne sera plus désormais qu'un souvenir historique, et si vous en gar- dez le titre, ce titre lui-même sera un reproche et une accusation contre vous (2) !

---

1. L'abbé Roche, mort évêque de Gap.
2. *Œuvres polémiques*, 2ᵉ série.

IV

L'APOLOGISTE

Sommaire. — Comment l'abbé Freppel inaugura son cours de Sorbonne. — Ses études sur les Pères apostoliques. — Comment il explique le choix de son sujet. — Comment il laisse percer sa grande préoccupation d'apologiste. — L'Empereur veut l'entendre. — Carême de 1862 aux Tuileries. — Jugement d'ensemble sur les études de l'abbé Freppel consacrées aux Pères des premiers siècles chrétiens. — Les leçons sur Origène. — Une énumération éloquente. — Le grand scandale du régime impérial. — Savante préparation à la publication du livre de M. Renan. — Les évêques résistent aux pusillanimes qui conseillent le silence. — La *Critique* du livre par l'abbé Freppel. — M. Havet vient à la rescousse. — L'abbé Freppel lui répond. — Examen critique du livre des *Apôtres* par M. Renan. — L'auteur conquiert du premier coup un rang hors ligne dans le clergé français.

I

Le jeune professeur de Sorbonne apporta, dans la chaire d'éloquence sacrée, un talent déjà mûr.

Après avoir traité des modèles plus récents de la parénétique sacrée, spécialement de Bossuet, il inaugura et poursuivit ses éloquentes et savantes études sur les Pères apostoliques et les Apologistes chrétiens aux IIe et IIIe siècles, dont les principaux sont saint Justin, saint Irénée, Tertullien et Origène. C'est l'œuvre capitale de cette première phase de la vie de Mgr Freppel; elle comprend dix volumes et suffirait à la gloire d'un écrivain et d'un apologiste (1).

En les livrant au public, qui leur fit un accueil aussi favorable qu'à l'audition (2), le docte conférencier disait, avec une rare pénétration des besoins de son temps :

« Un des résultats les plus satisfaisants de la science moderne, c'est d'avoir dirigé l'attention des esprits vers l'étude des Pères. En

---

1. Ces dix volumes ont été publiés chez Retaux, éditeur, rue Bonaparte, 82, à Paris.

2. Ils furent souvent réimprimés, et plusieurs ont atteint la 4° édition.

dépit des préjugés que l'ignorance ou la mauvaise foi avait su répandre au siècle dernier, tout le monde a fini par reconnaître qu'il serait honteux pour une société chrétienne d'ignorer ceux qui l'ont initiée à la justice et à la vérité. De louables efforts ont été faits depuis cinquante ans pour ramener parmi nous le goût de ces saines et fortes études; et l'on a vu des volumes laïques payer à nos gloires religieuses le tribut d'admiration qu'elles méritent. On ne saurait se dissimuler néanmoins que cette voie est à peine frayée; et il s'en faut bien que la littérature chrétienne soit connue du grand nombre au même degré que celle de la Grèce ou de Rome. Si les Pères du IVe et du Ve siècle ont dû à l'éclat de leur éloquence le privilège d'être moins ignorés, ceux des trois premiers sont encore loin de jouir de la même faveur; et, dans cette période si féconde et si animée, les Pères apostoliques et leur époque ont eu le plus à souffrir, en France du moins, de cette sorte d'indifférence qu'explique d'ailleurs la vérité naturelle du sujet. »

4.

Il ajoutait, laissant percer sa grande préoccupation d'apologétique :

— J'ai toujours pensé que les écrits des premiers Pères forment la meilleure apologie de la religion catholique (1).

II

La renommée du savant et disert professeur grandissait.

Au Château, on voulut l'entendre.

C'était en 1862. De cette station, nous est resté un volume remarquable. C'est celui qui, dans l'œuvre de Mgr Freppel, porte le titre de *Vie Chrétienne*.

Les conférences sur la Vie Chrétienne ont été prêchées, en 1862, aux Tuileries, en pré-

----

1. Préface de la première édition du *Cours d'Éloquence sacrée*, par l'abbé Freppel.

sence de l'Empereur, qui apprécia beaucoup la mâle et sévère éloquence de son prédicateur du carême de cette année, où commençaient à percer les malheureuses tendances du régime, qui devait trouver, dans la question romaine résolue dans le sens des révolutionnaires, sa grande pierre d'achoppement.

Mais, à cette heure, si la crainte naissait, la désaffection, dont Mgr de Mazenod parlera un jour si librement en plein sénat impérial, n'avait pas encore commencé.

IV

Sans nous étendre, outre mesure, sur le caractère de ces travaux d'histoire, de prédication ou de polémique, il faut cependant s'arrêter un peu sur l'œuvre patrologique et oratoire de Mgr Freppel; elle contient, plus qu'en germe, toutes les brillantes qualités qui

devaient complètement s'épanouir dans les
deux autres phases de sa vie ; elle prépare à
souhait l'Évêque et arme déjà le député pour
les joutes oratoires de la tribune parlementaire.

« Faire revivre en de savantes études les
immortels modèles de l'éloquence chrétienne ;
dessiner, d'une main ferme et délicate, les
grandes figures des anciens apologistes et des
premiers Pères ; résumer sous une forme
brillante, avec toute l'exactitude théologique,
les enseignements des Justin et des Athénagore, des Tertullien et des Irénée, des Cyprien,
des Clément d'Alexandrie et des Origène : telle
est l'œuvre imposante à laquelle M. l'abbé
Freppel, pendant plusieurs années, a consacré
les ressources d'un talent sérieux, d'une érudition qu'envierait l'Allemagne et d'une ardeur
toute française. »

Ce jugement d'ensemble, porté par le P. R.
Clair, savant jésuite, sur les travaux patrolo-
giques de l'abbé Freppel, est celui d'une saine
et impartiale critique ; il a été accepté de tous

ceux qui ont lu ces volumes si riches, si solides, si intéressants ; une plus vive lumière en est projetée sur ces premiers siècles de l'Église si peu connus jusqu'ici et qu'il était nécessaire de faire connaître pour tirer des œuvres des Pères apologistes de ces temps reculés les précieux et abondants trésors qu'elles contiennent en faveur de l'apostolicité de la doctrine catholique. Ces études ont aussi l'immense avantage d'être un réel service rendu à l'Église pour la défense surtout de son dogme et de sa liturgie.

Les deux volumes sur Origène offrent ceci de particulier que le savant professeur de la Sorbonne a su allier, dans une juste mesure, l'indépendance du jugement pour les hardiesses et les égarements de son héros avec son admiration sincère pour le génie du trop célèbre apologiste : « Ce qui frappe, dit le R. P. Colombier, à la lecture de l'ouvrage de M. l'abbé Freppel, c'est l'impartialité et l'indépendance de son jugement. Dans Origène, il salue le grand philosophe, le grand théologien, le

grand interprète de l'Écriture, sans que jamais
son admiration lui fasse méconnaître les
erreurs, ou dissimuler les torts de son héros. »
L'éloquent conférencier a profité aussi de ce
travail pour donner son avis sur une controverse alors très animée au sujet d'un ouvrage
attribué à tort ou à raison à Origène ; cet avis
est si bien motivé qu'il nous paraît résoudre
définitivement la question en litige. Écoutons
le même critique : « L'auteur montre encore
une connaissance étendue des questions contemporaines. Il a rendu un véritable service à
la science catholique en résumant les débats
poursuivis depuis seize ans sur les *Philoso-*
phumena. Après la lecture de ses leçons cinq à
dix, il ne sera plus possible d'attribuer à Origène cet ouvrage plus curieux que remarquable. Ajoutons que M. Freppel oppose de
graves raisons au docteur Dœllinger pour en
décharger la mémoire de saint Hippolyte. »

V

A notre grand regret, il nous faut nous borner à ces courtes mais vraies appréciations, empruntées aux meilleurs critiques contemporains (1).

Du moins, nous citerons les titres des leçons publiées par le professeur de Sorbonne. Cette simple énumération suffira pour donner l'idée de la valeur exceptionnelle des sujets et peut-être le goût de voir comment ils furent traités par un tel maître.

Le premier volume est consacré aux *Pères apostoliques et leur époque*.

Les trois suivants traitent des *Apologistes*

---

1. Cfr dans la *Revue du Midi* (n° de décembre 1891) **un** excellent article sur Mgr Freppel, dû à la plume élégante **et** facile de M. l'abbé F. Chapot.

chrétiens au II*e siècle*, divisés en trois parties :

1re partie. — *Saint Justin.*

2e partie. — *Tatien, Hermion, Athénagore, Théodore d'Antioche, Méliton de Sardes, etc.*

3e partie. — *Saint Irénée.*

Puis, viennent les deux volumes consacrés à *Tertullien*, à notre humble avis, les meilleurs de cette belle série.

Vient ensuite *Saint Cyprien.*

Après lui, *Clément d'Alexandrie*, avec des vues toutes neuves et absolument remarquables.

Enfin, les deux derniers volumes, consacrés à *Origène*, avec des dissertations dont on a déjà vu l'importance.

VI

Les biographes des grands évêques, qui prirent, eux aussi, la plume ou s'armèrent du glaive de la parole contre ce scandale inouï, n'ont pas manqué de consigner, dans leur récit, l'éclat qu'il eut en France. Ce fut en effet, comme l'a dit l'un d'eux (1), le plus grand scandale du régime impérial, et peut-être la première cause surnaturelle de sa chute.

C'était la *Vie de Jésus* par E. Renan, un mauvais livre, où le blasphème avait pris la forme de l'éloge pour attaquer la divinité du christianisme. L'apparition de ce livre, les contemporains s'en souviennent, fut un événement. Les simples, les délicats, les lettrés,

---

1. Mgr BAUNARD, *Vie du cardinal Pie*, tome II.

furent pris au piège. Les vétérans de l'école voltairienne applaudirent à outrance, et l'impiété moderne, qui se piquait de science plutôt que de style, crut avoir trouvé, dans le roman de M. Renan, l'art de pénétrer partout où l'érudition hébraïque ne suffit pas à donner des lecteurs (1).

Avec une habileté incontestable, ce livre abominable avait déjà fait son chemin dans la réclame savante des journaux, bien avant son apparition, attendue avec une impatience, indice de la curiosité dangereuse et criminelle qu'il allait exciter partout. C'est le propre des siècles incrédules de trouver un attrait malsain dans les blasphèmes, au lieu de s'indigner contre celui qui les profère le premier, et d'en étouffer l'écho par un prompt et sublime dédain. La *Vie de Jésus* avait à peine paru qu'elle était dans toutes les mains. Jamais scandale n'avait rempli d'une égale stupeur l'âme des gardiens de la foi, depuis l'époque

---

1. Mgr BESSON, *Vie du cardinal Mathieu*, tome II.

où Voltaire s'était écrié : « Écrasons l'in-
fâme (1) ! »

Les timides, les prudents, comme il s'en
trouve toujours aux heures des combats d'Israël, opinaient pour le silence, seul châtiment,
disaient-ils, qu'il convînt d'infliger à M. Renan.

Réfuter son ouvrage, d'après eux, ce serait
contribuer à lui donner du crédit.

Ce jugement, où la peur avait plus de part
que la raison et que la foi, ne fut pas du goût
de nos évêques. A Poitiers, Mgr. Pie, dans un
majestueux langage ; à Besançon, le cardinal Mathieu, dans une harangue latine devenue célèbre ; à Carcassonne (2), Mgr de la Bouillerie,
avec une émotion qui souleva les applaudissements de l'auditoire ; à Nîmes, Mgr. Plantier, dans une série d'écrits admirables, ailleurs encore, car il faudrait parcourir tous
les diocèses pour être complet, on vit revivre
les grands jours où Athanase, Basile, Grégoire

---

1. CLASTRON, *Vie de Mgr Plantier*, tome II.
2. Cfr. notre *Vie de Mgr de la Bouillerie*.

de Nazianze, se levaient contre Arius pour
venger la divinité du Verbe; où Cyrille d'Alexandrie se hâtait d'opposer ses anathèmes à l'hérésie de Nestorius. Parmi tant d'autres qualités
que nos grands évêques admiraient chez les
Pères de l'Église, et qu'ils furent jaloux de
reproduire, ils estimèrent, contre le conseil
des sages selon l'esprit du siècle, qu'il fallait
placer en première ligne leur zèle pour démasquer l'erreur, et confondre ses auteurs ou ses
partisans.

Il s'agissait d'un membre de l'Institut de
France, à qui l'opinion publique, si aveugle
souvent, prêtait quelque science, et dont le
style charmait une société trop oublieuse de la
langue de Bossuet et de Fénelon (1). La séduction pouvait venir après la curiosité. C'en était
assez pour convaincre nos premiers pasteurs

____

1. CLASTRON, *Vie de Mgr Plantier*, un des livres les plus
complets sur l'action catholique moderne. En ce qui concerne l'incident du livre de M. Renan, nous n'avons rien
trouvé ailleurs de plus exact et de plus circonstancié. Nous
lui empruntons plus d'un détail.

que les sentinelles de la maison d'Israël devaient sonner de la trompette, afin que Dieu
ne leur demandât point le sang de leurs frères,
déçus faute d'avoir été avertis.

Aux cris d'alarme des veilleurs d'Israël
répondirent plusieurs autres avertissements,
partis des rangs plus humbles de la sainte
hiérarchie. Aucun (1) n'eut plus de retentissement que celui de l'abbé Freppel.

Son laborieux apostolat de Sainte-Geneviève
et de la Sorbonne ne pouvait l'empêcher de
prendre part à l'ardente campagne entreprise
par les meilleurs écrivains catholiques contre
l'athéisme et la libre-pensée, qui venaient
de frapper leur grand coup, depuis longtemps
médité et favorisé par l'engouement qu'ils
avaient habilement fomenté pour la prétendue infaillibilité de la critique d'Outre-Rhin.

Les Évêques avaient vengé la doctrine, en

---

1. Il serait injuste d'omettre la mention de la réfutation
écrite par M. l'abbé Meignan, alors vicaire-général de
Paris, l'une de celles que Mgr Plantier loua avec le plus
d'effusion.

l'affirmant et en la prouvant. Mais, puisque la *Vie de Jésus*, signal de la guerre, s'appuyait sur la science allemande, l'abbé Freppel, plus compétent que d'autres, fut un des premiers à démontrer la faiblesse inouïe d'une critique, désavouée d'ailleurs par les savants d'Allemagne, dont on invoquait si bruyamment le témoignage.

Son *Examen critique de la Vie de Jésus de M. Renan* eut quinze éditions et fut traduite en toutes les langues de l'Europe. Elle figura tout de suite avec honneur au premier rang des œuvres apologétiques provoquées par le livre de l'apostat, de qui Mgr Pie disait, à propos de l'accusation étrange formulée par M. Renan contre l'évangéliste saint Jean, qu'il accusait de ne pas aimer Judas :

— En vérité, pour peu qu'on ait les sentiments de saint Jean, on est bien excusable de ne pas aimer les Judas, en quelque temps qu'ils vivent et quelque nom qu'ils portent..

Dès lors, le nom de l'abbé Freppel, mis sur le chandelier de l'Église, retentit avec gloire à

côté de celui des plus grands Évêques, inter-
venus dans la lutte avec la puissance de leur
talent et l'autorité de leur parole.

V

Or, au milieu de la réprobation générale, un
homme, raconte l'historien de Mgr Plantier,
crut devoir louer le livre de M. Renan. Il était,
comme lui, professeur au Collège de France (1).
C'est dans la *Revue des Deux-Mondes* qu'il
prit hautement sa défense.

Cette revue occupe, hélas! une place importante dans la presse périodique (2). Remar-

1. *Revue des Deux-Mondes*, 1ᵉʳ août 1863. *L'Évangile et
l'Histoire*, par Ernest Havet, professeur au Collège de
France.

2. Depuis que le regretté abbé Clastron écrivait ces
lignes, les catholiques ont pris leur revanche de ce succès.
Il suffit de citer les *Études Religieuses* des PP. Jésuites, le

quable par la gravité des questions qu'elle aborde, elle ne l'est pas moins par le talent et la renommée des écrivains qui la rédigent. Mais, ce qui la distingue, c'est l'absence radicale de tout esprit chrétien, et le rationalisme obstiné dont elle se fait un système. On ne s'alarme pas assez de l'influence qu'elle exerce par là sur ses lecteurs, et que d'esprits sérieux, trop indulgents pour l'erreur quand elle se pare de quelques teintes littéraires, ont appris à cette école à douter de leur foi, et à vivre dans un scepticisme d'autant plus dangereux qu'il n'a pas conscience de lui-même !

A l'heure que nous rappelons, on pouvait craindre qu'elle n'apportât au livre de M. Renan un appui considérable, en publiant l'article de M. Ernest Havet.

Or, il se trouvait, selon la grave remarque de Mgr Plantier, que « l'impiété du texte était

---

Correspondant, qui a pris, dans ces temps derniers, une grande extension, l'*Université catholique* de Lyon, la *Revue du monde catholique* et plusieurs revues remarquables, pour le constater.

vaincue par celle du commentaire ». En se
constituant le panégyriste de M. Renan, le critique avait dépassé son client.

Quelque temps après, M. Havet publiait en
brochure son article si justement incriminé.

L'abbé Freppel y répondit par une réfutation développée, qui eut un grand retentissement et réduisit à leur juste valeur les « sup-
positions bizarres, méprises grossières, blasphèmes effrénés, tentatives de réhabilitation
impossible », dont abondait l'œuvre hâtive et
mal étayée du succédané de Renan.

Mgr Plantier avait pulvérisé les méprises de
M. Havet sur le fondement de la philosophie
et de la foi. L'abbé Freppel réduisit à néant
les prétentions de critique et de science, par
lesquelles le rédacteur de la *Revue des Deux-
Mondes* espérait venir à la rescousse de son
collègue en professorat.

Plus tard, quand, encouragé par le succès
de vente que la curiosité malsaine du public
léger avait fait à son premier livre, l'auteur
de la *Vie de Jésus* essaya de le continuer, en

écrivant, sur *les Apôtres*, avec la même désin-
volture et le même type romanesque du premier de ses livres, l'abbé Freppel se plaça
encore, au premier rang des apologistes qui le
réfutèrent, par son *Examen critique des Apôtres
de M. Renan.*

Cet examen eut aussi grand succès, moins
cependant que le premier, parce que la curiosité française ne fit pas au nouvel ouvrage de
M. Renan le même succès qu'au premier.

En réfutant M. Renan, l'abbé Freppel venait de s'affirmer en apologiste digne des
temps anciens par l'énergie de la foi, et des
temps modernes par la rare compétence de sa
critique et de son érudition.

<h1 style="text-align:center">V</h1>

LE CONSULTEUR DU CONCILE

Sommaire. — Les jansénistes en avaient appelé au futur Concile général, il fallait les confondre dans leur tombe. — Si Bossuet fut un hérétique, comme l'objectait M. de Douville-Maillefeu. — L'entourage de l'abbé Freppel en Sorbonne. — Le caractère alsacien décrit par Mgr Goshindard. — Le livre de Mgr Maret. — Les commissions préparatoires du concile. — L'abbé Freppel est appelé à en faire partie. — Accueil qu'on lui fait à Rome, où l'avait précédé une réputation de grand théologien. — Ce qu'en écrit Louis Veuillot à son frère. — Ses relations avec l'*Univers* datent de ce moment. — L'homme en Mgr Freppel, d'après M. Eugène Veuillot. — Bonté et fougue. — Un colloque avec Mme Freppel. — Ce que l'abbé Freppel apprit à Rome. — Le symbole de l'abeille. — L'essaim sur les lèvres d'Ambroise. — Le miel symbolise Jésus-Christ. — L'aiguillon de l'Église. — N'attaquons pas cette divine abeille. — *Sponte favos, œgre spicula !*

<h2 style="text-align:center">I</h2>

Lorsque, au dix-septième siècle, l'hérésie de Jansénius troubla si profondément l'Église de France, les sectaires de Port-Royal, en se couchant dans leur tombe, lançaient au ciel

un dernier défi et en appelaient des condamnations du Siège apostolique au futur Concile
œcuménique, que, d'accord avec les Gallicans
de 1682, ils prétendaient supérieur au Pontife
Suprême.

Souvent, dans ses doctes Leçons, l'abbé
Freppel avait eu l'occasion de protester, au
nom de la tradition des Pères, contre cette
prétention, et, en particulier, lorsqu'il parlait
de Bossuet, il sut, en pleine Sorbonne,
dégager l'erreur du grand Évêque de Meaux
des splendeurs du reste de sa doctrine.

Il le rappelait un jour (1) fièrement à la
tribune, en répondant à une interruption de
M. le comte de Douville-Maillefeu, qui n'avait
pas craint de lui crier :

— Bossuet ? c'est un hérétique !

— Un hérétique ? répliqua aussitôt l'ancien
professeur de Sorbonne. Ni moi, ni personne,
monsieur, n'avons dit que Bossuet ait jamais
été hérétique !

1. Séance du 22 juin 1882. *OEuvres polémiques*, 4ᵉ série

Puis rappelant le souvenir de son enseignement, il ajouta :

— Lorsque j'avais l'honneur de professer à la Sorbonne, j'ai fait pendant deux ans mon cours sur Bossuet, et tous mes auditeurs, parmi lesquels il s'en trouvait qui siègent aujourd'hui dans cette enceinte, savent quelle admiration j'ai toujours professée et je professe encore pour ce grand homme.

On applaudit à cette déclaration, qui montrait comment un ultramontain déclaré pouvait parler de Bossuet, sans se croire obligé d'insulter à cette gloire française et catholique. Ce qui ne l'empêchait pas de reconnaître qu'en favorisant de son suffrage la Déclaration de 1682, le grand homme s'était trompé. Il ajoute :

— Il a pu se tromper sur l'un ou l'autre point avant que les questions fussent définies, cela peut arriver à tout le monde... mais, suivant l'adage bien connu : *errare humanum est, perseverare diabolicum.*

II

L'abbé Freppel appelait, lui aussi, comme tant d'autres grandes âmes depuis deux siècles, la convocation de l'auguste assemblée, qui devait répondre aux jansénistes révoltés, en proclamant l'infaillibilité doctrinale du Pontife Romain, indépendante du consentement de l'Église universelle qu'exigeaient les Gallicans.

Or, disons-le, il y avait quelque indépendance à professer ces doctrines et à formuler ces vœux dans le milieu où vivait le savant professeur alsacien.

Alsacien ! il devait à cette origine une fermeté, dont son éloquent panégyriste lui faisait honneur, ces jours derniers, au milieu des diocésains du grand évêque d'Angers éplorés dans sa cathédrale en deuil.

Mgr Gonindard a montré comment « le caractère de celui que nous pleurons a reproduit avec fidélité le type du tempérament alsacien. Cette race dont la physionomie morale est facile à saisir, a pour trait spécial la vigueur. Elle ne recule jamais devant la lutte ; elle n'hésite jamais à corroborer de ses actes l'affirmation de ses principes. On la voit poursuivre avec d'autant plus de ténacité ses plans, qu'il n'y a rien eu de chimérique ou d'irréfléchi dans leurs conceptions. Parleurs calmes et infatigables, judicieux dans leurs vues et dans leurs démarches, susceptibles d'enthousiasme même sous des dehors graves et contenus, ils maîtrisent tout écart de pensée, toute hyperbole de langage et se tiennent en garde contre tout essai aventureux, toute tentative démesurée ou mal combinée. Le sens chrétien qui les pénètre profondément ajoute à propos la piété à leur foi. Leur cœur est hospitalier comme leur foyer. Pas de défection dans leur attachement ; une fois qu'ils l'ont donné à bon escient, c'est la fidé-

lité intransigeante. En un mot, ce sont des
intelligences sérieuses au service de cœurs
généreux. »

L'ancienne Sorbonne avait favorisé l'erreur
gallicane. La nouvelle semblait hésiter à rompre, sous ce rapport, avec les vieux errements
de sa devancière.

Ceci est de l'histoire, et nous devons la rappeler, à la suite de l'historien du cardinal Pie.

Le doyen de l'abbé Freppel avait été revêtu
du caractère auguste qui fait les pontifes. Bien
qu'il n'eût pas de diocèse, son titre d'évêque
in partibus infidelium lui assurait sa place au
futur Concile. Mais, laissons parler Mgr Baunard :

« Au mois de septembre 1869, Mgr Maret,
évêque de Sura *in partibus* et doyen de la
Sorbonne, publia deux volumes inspirés par
l'esprit des moins bons temps de la célèbre
école. Sous le titre *du Concile général et de la
Paix religieuse*, le prélat représentait la Consti-
tution de l'Église comme mêlée d'aristocratie
et l'infaillibilité du Pape comme subordonnée

à l'assentiment des évêques. Il traitait d'absolutisme l'omnipotence que créerait au Souverain Pontife la définition de l'infaillibité séparée, et il redoutait les excès et les abus, comme s'ils étaient passibles de la part d'un pouvoir assisté de l'Esprit-Saint. Il demandait finalement, comme contrepoids, la participation ordinaire des évêques au gouvernement général de l'Église, par l'institution de la décennalité des conciles œcuméniques. On fit grand bruit de cet écrit. Il appartenait à la science ecclésiastique de Dom Guéranger de le réfuter, comme il le fit dans sa *Monarchie pontificale*. Il devenait du devoir de Mgr Pie de ne pas laisser s'égarer la croyance de son clergé ; et le Pasteur éleva la voix sur le fond de la question (1). »

On a écrit, ces temps derniers, avec de longs et très précieux documents, la *Vie de Mgr Maret*. C'est après avoir lu les deux premiers volumes de cette histoire, qui en compte

---

1. Mgr BAUNARD, *Histoire du cardinal Pie*, tome II, p. 339.

trois, que Mgr l'Evêque de Rodez nous semble avoir le mieux caractérisé l'esprit et aussi l'erreur de l'ancien doyen de Sorbonne. « Son erreur, dit fort justement Mgr Bourret, a été, selon moi, dans ces tentatives de réconciliation de l'Église et de l'État, et d'accord de la science avec la Théologie, de ne pas tenir de balance égale, et d'imposer trop de concessions à l'Église, en demandant trop peu à ses adversaires. C'est là ce qui ressort de certaines pièces que vous avez publiées, et de certains actes, qui pourraient être interprétés contre lui par ceux qui n'ont pas connu, comme nous, son désintéressement et la pureté de ses intentions (1). »

---

1. Lettre du 4 juin 1891 à M. le chanoine G. Bazin, auteur de la *Vie de Mgr Maret*, qui a loyalement reproduit cette belle lettre en tête du tome troisième de son ouvrage.

III

A la date du 5 décembre 1867, l'évêque de Poitiers recevait de la Nonciature une lettre importante, qui annonçait à Mgr Pie une bonne nouvelle :

— Votre Grandeur n'ignore pas qu'on a institué à Rome des congrégations particulières, dans le but de faire étudier et préparer des matières à soumettre aux délibérations du futur Concile.

Le nonce, Mgr Chigi, annonçait ensuite que le Saint-Père venait d'appeler à cette « charge importante et si honorable de consulteur », l'abbé Gay, chanoine de Poitiers.

« Ces commissions préparatoires devant donner le premier branle à la marche du Concile, il importait que cette direction lui fût

imprimée dans les meilleures voies. C'est dans
cette pensée que l'Évêque de Poitiers avait
appuyé le choix de deux autres théologiens :
M. l'abbé Jacquenet, curé de Saint-Jacques de
Reims, aujourd'hui évêque d'Amiens, honoré
de la confiance du cardinal Gousset ; M. l'abbé
Chesnel, du diocèse de Quimper, qui plus tard
écrivit un très excellent ouvrage sur *les Droits
de Dieu*. Mgr Pie obtint aussi du cardinal Caté-
rini l'appel de M. l'abbé Sauvé, du diocèse de
Laval. Mgr de Moulins obtint un peu plus tard
celui de M. l'abbé Gibert, son vicaire
général (1). »

On savait à Rome, et les confidents de
Mgr Maret en avaient reçu ample connaissance,
que le doyen de Sorbonne préparait le livre
dont nous avons déjà parlé. Pie IX, mis au
courant et édifié d'ailleurs par les doctrines
sûres et précises de l'abbé Freppel, résolut
d'appeler ce professeur de Sorbonne au sein
des commissions préparatoires du Concile.

1. Mgr BAUNARD, *Op. et loc. cit.*, p. 315.

Ce fut un coup d'éclat. Les amis des doctrines romaines s'en réjouirent. Les autres furent consternés.

<h2 style="text-align:center">IV</h2>

Au jour du service solennel de quarantaine dans la cathédrale d'Angers, les organisateurs de cette cérémonie émouvante eurent l'heureuse et délicate inspiration de placer, dans le transept et tout autour de la nef, sur la litre funèbre où alternaient des palmes avec des écussons aux armes épiscopales et des anges agenouillés, portant le monogramme du Christ, des inscriptions semées à distance, qui rappelaient les principaux actes de la vie du grand Évêque d'Angers.

En lieu d'honneur, on lisait : *Concile du Vatican !*

Les anges de l'Église d'Angers durent tres-

saillir, en voyant tracer cette mention, si éloquente dans son laconisme, car, si, entre les
signes de prédestination, les docteurs ont
compté la dévotion à la Très Sainte Vierge,
ceux du XIXe siècle ont pu ajouter, à la suite
du Père Faber, « la dévotion au Pape ».

Or, entre tous les zélés défenseurs de la
suprématie pontificale, niée par les jansénistes et diminuée par les gallicans, l'abbé
Freppel avait eu la gloire d'être choisi pour
en préparer les définitions solennelles.

La réfutation du roman de M. Renan, où il
faisait preuve d'une science peu commune de
l'histoire ecclésiastique et de l'exégèse, l'avait
fait classer à Rome parmi les plus éminents
d'entre les théologiens. Aussi, nul n'y fut surpris de le voir appelé, comme théologien du
Pape, pour préparer les travaux du futur Concile général.

Cependant, il faut le dire, l'abbé Freppel
apportait à Rome quelques préventions contre
quelques-uns des défenseurs les plus dévoués
de la monarchie pontificale en France.

M. Eugène Veuillot, dans un article magis-ral, écrit à la première nouvelle de la mort lu grand Évêque, l'a loyalement rappelé (1).

« Une obscure publication, dit le rédacteur en chef de l'*Univers*, a rappelé dernièrement que, lors des grandes luttes entre catholiques, l'abbé Freppel, qui commençait de compter, n'était pas précisément des amis de l'*Univers*. C'est vrai ; mais il convient d'ajouter que le dissen-iment ne portait pas sur le fond des choses et ne fut jamais affiché. Les rapports, sans être intimes ni fréquents, étaient bons.

« Ce fut en 1870, à Rome, où l'abbé Freppel avait rang parmi les théologiens du concile, que des relations suivies s'établirent. La lutte — cette lutte qui pour les catholiques classa définitivement les écoles et les hommes — était déjà dans son vif, lorsque mon frère m'écrivait : « J'ai vu l'abbé Freppél, il est avec nous : nos « amis en sont très contents. »

Depuis ce temps, le consulteur du Concile a

____

1. Article paru dans l'*Univers* du 24 décembre 1891.

donné à l'*Univers* de nombreux témoignages de sympathie. « C'est une force, observe encore justement M. Eugène Venillot, c'est une force et une gloire pour un journal de doctrine et de combat d'avoir été défendu sur des questions de principe, des questions fondamentales, par un évêque dont on peut dire, sans rencontrer une contradiction : Ce fut vraiment un évêque. »

D'ailleurs, à Rome pas plus qu'en Sorbonne, ni plus tard à Angers ou au Parlement, l'abbé Freppel ne songeait à se montrer autre qu'il n'était. C'est encore le directeur de l'*Univers* qui le rappelle, en exhortant les futurs historiens de Mgr Freppel à montrer ce que fut l'honneur chez ce grand évêque.

« Il faudra distinguer entre ses allures, que l'on pouvait parfois trouver impétueuses, presque cassantes, et son caractère foncièrement large, qui lui faisait accepter la contradiction et oublier bien vite qu'on l'avait contredit. Ajoutons que cet esprit, très absolu d'apparence, très prompt à parler selon ses impressions, et que l'on pouvait croire aventureux, était au fond un esprit modéré. Il n'aimait pas à s'engager hors des voies connues. Que l'on étudie de près ses actes, sa conduite, quant aux questions politiques et sociales de ce temps comme sur le terrain de l'action religieuse, et l'on reconnaîtra que, s'il était très tranché dans les termes, il apportait beaucoup de réserve dans les conclusions. Tels de ses amis, de ses admirateurs, lui auraient volontiers reproché de trop les retenir. »

Ces observations sont vraies. Mais, il convient de les compléter par les témoignages de ceux qui ont vécu dans l'intimité du vaillant prélat.

Un religieux, qui l'a connu ainsi intimement, nous a raconté des traits délicieux des retours qui suivaient certaines brusqueries involontaires. Quand il se rendait compte d'avoir fait de la peine à quelqu'un, il n'était pas de procédés par lesquels il ne s'ingéniât à se faire oublier. Il ne recouvrait son allure ordinaire, que quand il était sûr d'y être parvenu.

Mais, ne lui demandez pas de concession sur ce qu'il croyait être son devoir.

Un jour, sa mère, affligée des outrages qu'une certaine presse ne cessait de prodiguer au fils dont elle était si justement fière, lui dit, avec un touchant sentiment d'angoisse maternelle :

— Mais enfin, ne pourriez-vous pas vous modérer un peu, de manière à ne plus être ainsi traité par ces méchants journalistes !

— Un Évêque, répondit aussitôt Mgr Freppel, se doit à la vérité.

— Mais, les autres évêques aussi se doivent à la vérité, et ils ne s'exposent pas, comme vous, à l'outrage...

— Ma mère, Notre-Seigneur Jésus-Christ a chassé avec un fouet les vendeurs du temple et fustigé les Pharisiens.

Mme Freppel trouva alors, dans sa bonhomie maternelle, une réplique humoristique, dont on rit encore à Angers, et qui termina l'entretien. Nous l'avons rapporté comme un trait

ui achève de peindre ce tempérament, mêlé
le bonté et de fougue, que les familiers aimaient
.chaque jour de plus en plus.

V

Rome cependant contribua puissamment à
aider l'abbé Freppel dans ce travail de trans-
formation spirituelle qui fait le fond et le but
de la vie chrétienne, vrai combat entre la
grâce et la nature que la grâce veut diviniser,
en la rendant semblable à Celui qui a dit de
lui-même : Apprenez de moi que je suis doux
et humble de cœur.

Le futur prélat y apprit à aimer le symbole
de l'Abeille, qu'il placera dans son blason
épiscopal comme le modèle qu'il poursuit.

On raconte que, peu après la naissance de
saint Ambroise, on vit un essaim d'abeilles se
poser sur son berceau. Le pieux consulteur

des congrégations anté-conciliaires savait que
ces abeilles présageaient qu'un jour, à leur
exemple, l'admirable docteur saint Ambroise
saurait façonner le doux miel que nous savou-
rons dans ses œuvres.

Le miel, renfermé dans les gâteaux de cire
où l'abeille industrieuse le dépose avec un
soin jaloux, figure, dans nos saints livres,
Jésus-Christ, modèle du prêtre et de l'apôtre,
Jésus-Christ, dont le nom est pour nous un
miel suave et dont l'esprit est plus doux que
le miel.

Mais, l'abeille, qui puise avec sa bouche le
miel caché dans le calice des fleurs, porte
aussi un aiguillon qui déchire. Petite, humble,
faible, tout entière à son œuvre, et uniquement préoccupée du doux labeur qu'elle accomplit pour nous, comment saurait-elle se
défendre contre les ennemis qui l'attaquent?
Dieu a bien fait toutes choses : il cache le lis
parmi les épines, et il donne l'aiguillon à
l'abeille!... L'Église, qui nous dispense tout
le miel de l'amour du Sauveur, n'est-elle pas

semblable à l'abeille ? Aussi Dieu l'a munie, comme elle, d'un redoutable aiguillon. L'Église frappe et châtie ceux qui la méprisent et l'outragent. N'attaquons pas cette divine abeille : les blessures de son aiguillon donnent la mort (1).

L'abbé Freppel se disait ces choses et elles nous expliquent le choix de son emblème figuratif. La devise qui le surmontera nous dit la grande préoccupation de son cœur :

— *Sponte favos, œgre spicula !*

— Le miel de grand cœur, l'aiguillon à contre-cœur.

1. Cfr. Mgr DE LA BOUILLERIE. *Études sur le symbolisme de la nature* (nature animée), chap. de *l'Abeille.*

VI

L'ÉVÊQUE

Sommaire. — Comment Mgr Freppel avait utilisé les méthodes germaniques. — Influence de Lacordaire sur sa jeunesse sacerdotale. — Ses premières paroles à ses diocésains. — Les huit volumes d'Œuvres Pastorales. — Une énumération éloquente. — Perpétuel refrain d'amour pour la France. — Les inscriptions du service funèbre. — Comment Mgr Freppel traitait les missionnaires. — L'Université catholique d'Angers. — Charité épiscopale. — Fierté légitime du clergé angevin. — Comment Mgr Freppel s'acquittait de ses obligations pastorales. — Un souvenir de Mgr Dénéchau. — Je m'y traînerais plutôt à genoux! — L'Evêque d'Angers était fier de son diocèse. — Une mission incomparable. — Mgr Freppel refuse sa translation à un archevêché. — Comment il éloigna de lui les honneurs cardinalices. — La seule récompense qu'il ambitionnait. — Le patrimoine qu'il lègue à son successeur. — Comment il trouvait le temps de produire ses œuvres oratoires et pastorales. — Un procédé de composition que tout le monde n'a pas à sa disposition. — Autre procédé pour grossir son fonds en pareil cas. — Un convive qu'il empêche de manger. — Le professeur interloqué qui lui fournit, sans s'en douter, le thème du célèbre discours de Tours.

I

Le recrutement de l'épiscopat, chose toujours
si délicate et si importante, mais surtout à ce
moment où le Saint-Siège s'était vu dans la
dure nécessité de refuser au gouvernement
impérial certaines nominations, préoccupait
alors tous les bons esprits.

C'est sous l'empire de ces préoccupations
douloureuses que l'abbé Combalot écrira, l'année suivante, à M. Emile Ollivier, pour lors
président du conseil des ministres :

— Le chef de l'Église universelle devrait
n'avoir à élever sur des sièges épiscopaux que
les sujets les plus dignes, c'est-à-dire les plus
éloignés de toute ambition : les plus saints
par conséquent, les plus éclairés dans la
science des choses divines, les plus remplis
de prudence et de zèle, de charité et d'amour
pour la portion du troupeau qu'ils devront

gouverner sous l'autorité infaillible du pasteur des pasteurs (1).

La nomination de l'abbé Freppel du moins allait réjouir ceux qui partageaient les justes alarmes du vaillant apôtre.

II

Le siège d'Angers était devenu vacant par le décès du pieux et aimable Mgr Angebault, dont la mémoire est encore en vénération dans l'Anjou, qu'il a édifié, instruit et charmé, durant un long et fécond épiscopat.

Pie IX, qui venait d'apprécier les grandes qualités et le dévouement de son savant théologien, fit savoir au gouvernement impérial qu'il serait personnellement heureux de le voir recueillir cette succession.

---

1. Voir *Vie de l'abbé Combalot*, chap. XVI, où se trouve également la belle réponse de M. Émile Ollivier.

L'Empereur s'honora, en acquiesçant à ce vœu du père commun des fidèles, et par un décret, en date du 27 décembre 1869, ratifiant, en ce qui le concernait, le choix du Souverain Pontife nomma l'abbé Freppel à l'évêché d'Angers.

Préconisé dans le consistoire du 21 mars 1876, l'Évêque élu ne devait pas tarder à recevoir la consécration épiscopale.

Ce fut le lundi de Pâques, 18 avril 1870, à Rome, dans l'église de Saint-Louis-des-Français, que l'abbé Freppel reçut la consécration épiscopale. La coïncidence de la tenue du concile permit à la plupart des prélats de France, de rehausser, par leur présence, l'éclat d'une si belle cérémonie. En outre, la tribu pontificale se recrutait, ce jour-là, de trois membres nouveaux, car, avec celui que la Providence réservait au diocèse d'Angers, se trouvaient Mgr de Cuttoli, destiné au siège d'Ajaccio, et Mgr Reyne, envoyé dans une de nos colonies françaises. Les trois consacrés étaient jeunes. Hélas! triste instabilité des vies humaines, les trois élus, aussi bien que les trois consécra-

teurs, qui étaient le cardinal Donnet, archevêque de Bordeaux, Mgr Guibert, alors archevêque de Tours, et Mgr Rœss, évêque de
Strasbourg, sont entrés dans leur éternité (1).

III

Le nouvel évêque arrivait, précédé d'une
réputation qui rendait déjà le clergé angevin
fier de le voir placer à sa tête.

Les prêtres, plus adonnés à la science,
savaient par cœur les cours de Sorbonne du
jeune prélat. Il devait les trouver dans la
cellule des professeurs, comme dans les pres
bytères des studieux, en lieu d'honneur, sur
le rayon préféré de leur bibliothèque. C'est
que, à un moment où les meilleurs esprits en
France s'étaient engoués de la prétendue

---

1. Mgr GONINDAUD, *Oraison funèbre de Mgr Freppel*, prononcé, en l'église cathédrale d'Angers, le 9 février 1892.

science d'Outre-Rhin, au point que certains s'imaginèrent qu'il serait peut-être utile d'envoyer nos jeunes clercs suivre les cours des universités allemandes, au lieu de les envoyer à Rome, centre et gardienne des leçons orthodoxes et des bonnes méthodes, le professeur de Sorbonne, comme l'a si bien dit son panégyriste, « au courant des méthodes germaniques, leur prit ce qu'elles ont de meilleur, l'esprit d'investigation et l'habitude de recourir aux sources. Il n'étaya jamais ses études sur des travaux de seconde main. Mais il se sépara des procédés de la science allemande, par son talent d'exposition et la mise en lumière de matériaux élaborés, classés et présentés avec art à l'esprit. Préparées avec un soin consciencieux, ses leçons, recueillies en volumes compacts, sont abordables à toutes les intelligences cultivées, et constituent une ressource de valeur pour la défense de la foi chrétienne (1). »

1. A ce souvenir, Mgr l'archevêque de Sébaste semble avoir tressailli, et c'est d'un ton ému qu'il s'écrie : « Quelle somme de travail, quelle puissance d'esprit suppose, mes

Ceux qui savaient cela, à Angers, se prirent d'enthousiasme pour l'avenir de ce beau diocèse. Ils devinèrent que la science sacrée allait y fleurir d'une floraison réjouissante pour l'Église. Nous verrons bientôt comment leurs pressentiments furent dépassés.

Quant aux jeunes, les échos de Paris leur avaient communiqué quelque chose de l'enthousiaste faveur de la jeunesse de nos grandes Ecoles, faveur qui réjouissait le grand et noble cœur de Lacordaire, comme l'a encore rappelé Mgr Gonindard :

« L'auditoire de l'abbé Freppel se recrutait surtout parmi les hommes instruits et les jeunes gens des écoles de la capitale. C'est

---

frères, une compréhension qui embrasse les Pères apostoliques, les apologistes du II° siècle, saint Irénée et Tertullien, saint Cyprien et Origène... *Gratiarum actio et vox laudis.* Oui, je vous remercie, ô mon Dieu, d'avoir donné à votre Eglise un tel défenseur, et je loue votre savante plume, écrivain infatigable, de ce qu'elle a laissé, dans la bibliothèque de tout prêtre, et à la disposition de tout chrétien qui a souci de sa foi, un arsenal d'armes puissantes au service de la vérité. »

7

pour ces derniers que le savant professeur composa ses conférences sur la *Divinité de Jésus-Christ*. Le style de cet ouvrage diffère assez sensiblement de celui des autres œuvres de l'apologiste : il est plus chaud, plus coloré, plus brillant. On y sent passer en maint endroit le souffle qui anima l'éloquence de Lacordaire. C'est qu'en effet le célèbre dominicain exerça sur la jeunesse sacerdotale de l'abbé Freppel une grande influence. Il admirait le prodigieux talent du maître et subissait l'ascendant de ses idées. Plusieurs lettres de l'orateur de Notre-Dame, pleines de paternels et sages conseils en vue de l'avenir du jeune prêtre, attestent la nature des relations qui s'étaient établies entre eux. On sait encore que, pendant quelques années, l'abbé lui confia la direction de sa conscience. »

IV

Ainsi précédé, le nouvel Évêque peut venir : l'ange de l'Église d'Angers l'attend pour lui faire escorte.

« Tout ce que nous avons pu amasser de lumière et d'expérience sur le chemin de la vie, dira-t-il à ses diocésains dans sa première lettre, nous devons l'appliquer à la recherche des moyens les plus propres à augmenter votre bonheur. Nos journées ne seront pleines qu'autant que le souci de votre avenir éternel en aura rempli tous les instants, et nos années ne compteraient pour rien, si, du premier jour jusqu'au dernier, votre progrès dans la sainteté ne restait l'objet constant de nos efforts. L'œil fixé sur la devise que vos ancêtres avaient recueillie de la bouche de saint Martin pour la placer dans leurs armes : *Non recuso labo-*

rem, nous n'aurons le droit de reculer devant aucun sacrifice, et notre vie elle-même ne nous appartiendrait plus s'il fallait la donner pour le salut de vos âmes. »

Ces protestations de dévouement absolu et de paternelle tendresse, il les renouvela au jour de son entrée solennelle, quand il monta pour la première fois dans la chaire de sa cathédrale.

« Venez, s'écria-t-il, venez, en toute confiance, à votre évêque, dans vos peines et dans vos souffrances : vous trouverez toujours en lui un cœur ouvert à tous les besoins, le ferme et ardent désir de vous être utile, de travailler au salut de vos âmes, de vous offrir de son mieux ses conseils, ses encouragements, ses consolations. »

M. l'abbé Chapot, qui nous paraît avoir bien saisi la caractéristique de cet épiscopat, le fait remarquer avec beaucoup de justesse :

Huit gros volumes de lettres pastorales sont là pour attester que Mgr Freppel a été fidèle à ses promesses. Qu'on les parcoure et l'on

se convaincra aisément qu'il n'est pas une
œuvre charitable à laquelle l'Évêque d'Angers n'ait quelque jour donné l'appui de sa
parole féconde, pas une entreprise catholique qu'il n'ait encouragée, pas une grande
cause qu'il n'ait défendue, pas un enseignement utile qu'il n'ait donné, pas une question
de dogme ou de morale qu'il n'ait opportuné-
ment traitée. Il nous rappelle assez fidèlement
la grande figure de Mgr Pie, ou encore celle de
Mgr Plantier ; il était de l'école de ces illustres
évêques qui ne laissèrent passer aucune attaque contre les droits de l'Église, ou contre le
moindre point de doctrine, sans faire entendre une victorieuse défense, et qui n'omet-
taient aucune occasion de nourrir leur peuple
d'un enseignement opportun et substantiel.

Citons, parmi ces lettres innombrables, celles qu'il consacre à l'éducation, aux devoirs du
chrétien dans la vie civile, à l'observation du
dimanche, à l'assistance aux vêpres, à la pratique du Chemin de la Croix, etc., etc. Entre
tous ces discours, signalons ceux qu'il pro-

nonça sur les Tombes, sur les Cercles catholiques, sur les Ordres religieux, sur la mission de l'instituteur, etc., etc. Ajoutons une étude importante sur le *Protestantisme*, à l'occasion du centenaire de Luther, et qui est une des plus solides et des plus lumineuses apologies de la doctrine catholique.

Puisque nous en sommes à énumérer quelques-unes des œuvres oratoires de l'Évêque d'Angers, rappelons, après Mgr le coadjuteur de Rennes, que, si le député se révéla, à la tribune française, avec des ressources infinies, les mêmes ressources d'éloquence se retrouvent dans l'orateur sacré, avec cet avantage que, les sujets étant plus vastes et plus élevés encore, le talent de l'Évêque y prit son vol d'une plus haute et plus large envergure. Pendant les quinze dernières années écoulées, il n'y a pas eu en France une cérémonie religieuse importante, sans que Mgr Freppel n'ait été appelé à en interpréter la grandeur et les leçons. Les auditeurs, attirés par la réputation du prédicateur autant que par l'éclat de la fête, affluaient par chiffre de mille qui ne se comptaient plus. Malgré leurs dimensions majestueuses, les antiques cathédrales se trouvaient trop étroites pour la foule qui les envahissait. Quand il parlait en plein air, ce qui lui arriva souvent, sa voix, forte jusqu'à devenir stridente, dominait les flots humains qui se pressaient autour de l'estrade d'où partait l'essor de son génie enthousiasmé.

Cette âme si française a pu satisfaire son patriotisme religieux en célébrant, dans une langue magnifique, la plupart de nos gloires nationales et chrétiennes. Quelle galerie admirable il a laissée, de figures saintes reproduites fidèlement par son large pinceau ! Ici sainte Geneviève, sainte Clotilde, sainte Radegonde, sainte Anne nous apparaissent le front nimbé de toutes les auréoles qui nous les rendent si chères. Ailleurs, saint Hilaire, saint Yves, Urbain II, Vincent de Paul, Grignon de Monfort, Jean-Baptiste de la Salle, le curé d'Ars sont placés avec amour dans le cadre de la prodigieuse influence qu'ils ont

exercée sur leur temps. Plus loin, c'est deux
fois Jeanne d'Arc, si digne de ce double tribut,
puis Jeanne Hachette, La Moricière, Courbet,
Sonis et beaucoup d'autres dont le nom seul
fait battre nos cœurs, autant qu'il incline nos
fronts dans le respect de l'admiration.

« Chacune de ces physionomies héroïques
fournit au grand orateur l'occasion de dessiner
le tableau de toute une époque, d'en apprécier
les événements et d'en dégager les enseignements de l'histoire. En maints endroits, c'est
le souffle puissant de Bossuet qui passe.

« A côté de ces portraits d'une touche
magistrale, viennent prendre place des études
historiques et religieuses, que la forme oratoire rend attrayantes : considérations sur la
Papauté et son rôle bienfaisant, sur l'épiscopat et sa mission, la gloire de la Sorbonne, le
concile du Vatican, les moines, les ordres
religieux, les questions ouvrières et sociales.
Il éclaire tout au flambeau de l'Evangile. Mais
la France, la France bien-aimée, voilà le perpétuel refrain de son amour inquiet.

« Je sais bien, s'écrie-t-il, que de nos jours
on voudrait tout déchristianiser : mais il
est une chose du moins que l'on ne parvien-
dra jamais à dépouiller de son caractère
chrétien : c'est l'histoire même de la
France... La France, comme nation ayant sa
mission propre, ne se conçoit même pas sans
le catholicisme, parce qu'il n'est pas dans
le monde entier un intérêt catholique qui
ne soit également un intérêt français ; il en a
été ainsi de tout temps.

« Admirable destinée d'un pays dont l'intérêt se confond avec le devoir, qui, pour rester digne de lui-même n'a besoin que de se
rappeler de sa foi. Oh! ne t'oublie pas, ô
France, patrie bien-aimée! Souviens-toi de
ta longue et glorieuse histoire. Ne prête pas
l'oreille aux sophistes qui parlent de sépa
rer ce que Dieu a uni par une alliance indis-
soluble. »

Et ailleurs : « Relève ton front, noble pays;
aie confiance dans ta vocation divine : non,
tu n'as pas achevé ta mission ; car, en dis-

7.

« paraissant, tu laisserais un vide que, seule,
« la toute puissance de Dieu serait capable de
« combler... Tu reprendras le cours de tes
« destinées glorieuses, tu resteras au milieu
« du monde le soldat de la Providence, l'apô-
« tre armé de la foi et de la civilisation chré-
« tienne. Comme par le passé, tout ce qui est
« petit, tout ce qui est faible, tout ce qui se
« sent opprimé dans l'univers entier, se tour-
« nera vers toi pour chercher sur tes lèvres
« le mot de la délivrance... Puissent tes
« enfants oublier leurs querelles intestines et
« se serrer plus étroitement que jamais autour
« de leur mère, pour n'avoir désormais sur
« leurs lèvres et dans leur cœur que ces deux
« mots où tout se résume dans une même foi
« et dans une commune espérance : Dieu et la
« Patrie ! »

V

Au jour du service quarantenaire, nous l'avons déjà dit, les pieux et intelligents organisateurs de cette cérémonie avaient inscrit, sur les murs de la cathédrale en deuil, les pages glorieuses de ce fécond épiscopat :

Saint-Louis de Saumur.

Église du Sacré-Cœur.

Corporations ouvrières.

Fourneaux économiques.

Missions d'Angers. — Cette œuvre, dont lui-même se plaisait à dire qu'elles étaient la plus belle page de son épiscopat (1).

---

1 On se saurait trop insister sur le prix que le zélé pasteur attachait à l'œuvre des Missions. Les missionnaires Oblats de Marie-Immaculée en recueillirent souvent la preuve. Il ne savait comment leur témoigner sa reconnaissance pour le bien que ces pieux et dévoués apôtres du peuple opèrent dans le diocèse d'Angers.

Un jour, pendant une retraite prêchée dans une commu-

Université catholique!....

Cette dernière inscription rappelait, aux maîtres et aux élèves présents à la cérémonie, la glorieuse initiative que prit l'éminent chancelier-fondateur, dès le vote de la loi relative à la liberté de l'enseignement supérieur, pour ressusciter l'antique Université d'Angers, et l'ardeur qu'il déploya tout d'abord pour organiser, ensuite pour soutenir, cette œuvre si importante et si difficile. L'Université ange-

nauté par le supérieur des missionnaires, il pria le prédicateur de lui laisser faire à sa place une des conférences de l'après-midi. L'humilité du bon religieux y fut mise à une rude épreuve, la conférence roula à peu près tout entière sur les mérites des Oblats en général et de leur supérieur d'Angers en particulier.

Une autre fois, un évêque missionnaire de la même Congrégation, Mgr Faraud, était descendu, à Angers, dans la maison de ces religieux. L'évêque vint l'y prendre, pour le contraindre à loger, à *l'Hôtel de la Croix d'Or*, chez lui, où il l'entoura de soins et de prévenances admirables. Il le fit prêcher dans sa cathédrale, et, comme le bon Mgr Faraud voulait solliciter la charité des fidèles en faveur des œuvres diocésaines de Mgr Freppel, celui-ci, oubliant les lourdes charges que ces œuvres lui imposaient, obligea encore le prélat, son hôte, à prêcher au profit de ses missions de Mackensie. La quête fut abondante, elle dépassa dix mille francs! Mgr Freppel rayonnait de bonheur.

vine, pour laquelle il trouva en Mgr Sauvé un si précieux auxiliaire, figure aujourd'hui avec honneur parmi les fondations du même genre qui se sont épanouies sur notre terre de France ; elle peut victorieusement soutenir le parallèle avec les institutions rivales de la République. Aussi bien Mgr Freppel était-il l'homme qu'il fallait pour doter sa ville et sa province d'un tel établissement : aucune branche des lettres et des sciences ne lui était étrangère : « Il était également fort en droit ecclésiastique et en droit civil, en jurisprudence et en doctrine ; » il surprenait par la connaissance parfaite de la géographie la plus lointaine ; il discutait des heures entières sur les systèmes et les métho-des de fortification et de défense des places avec la précision d'un mathématicien et s'ap-pliquait aussi bien à l'étude de l'histoire qu'à la démonstration du *postulatum* d'Euclide (1).

---

1. Plusieurs fois des hommes spéciaux furent émer-veillés de ses connaissances techniques dans l'art de la guerre. — Dans le même ordre d'idées, ses aptitudes pour les sciences mathématiques attirèrent souvent l'attention

VI

Ce qui fait encore l'Evêque, c'est la charité
qui se prodigue. Mgr Freppel se donnait tout
entier; il s'ingéniait à soulager toutes les
misères, à secourir toutes les infortunes.
Aucune requête ne l'importunait; il était accessible à tous et son dévoûment ne faisait exception de personne. On raconte que l'Évêque
d'Angers avait l'habitude de se faire porter à
son domicile de la rue de Narbonne ses dos-
siers, chaque soir. L'huissier chargé de ce service est franc-maçon, et Mgr Freppel le savait.
Il ne l'en accueillait pas moins très bienveil-
lamment, et, chaque fois, le retenait à dîner.

des savants. On cite ce fait, qu'il vint un jour en aide à
deux polytechniciens distingués, aux prises avec une équa-
tion compliquée; l'abbé dénoua rapidement la difficulté
qui les tenait en échec. (Mgr GONINDARD, *op. cit.*, p. II.)

Ce détail nous peint bien l'évêque condescendant et charitable : ce qu'il faisait à Paris, il le faisait encore mieux à Angers. Aussi son peuple lui était-il très attaché. On l'a vu à l'émotion profonde que produisit la première nouvelle de sa mort prématurée, à l'empressement de la foule à se rendre auprès de sa dépouille mortelle, aux marques de douloureuse vénération dont fut entouré son cercueil et qui signalèrent la cérémonie de ses funérailles. Sa mort a été un deuil public.

Son clergé était justement fier d'un tel évêque, mais il l'aimait plus encore qu'il ne l'admirait : il saisissait toutes les occasions pour lui prouver son attachement filial, et lui, il aurait cru manquer à un de ses plus doux devoirs de sa charge s'il n'avait répondu à cette sincère affection, — même depuis que son mandat de député l'obligeait à se tenir éloigné de son diocèse, — en se retrouvant dans certaines circonstances solennelles au milieu de ses fils bien-aimés. Nous faisons surtout allusion à ces rendez-vous annuels qui avaient lieu au palais d'Angers épiscopal, le dernier jour de l'année ; les prêtres félicitaient l'Évêque de ses actes toujours si nombreux de dévoûment à l'Église, à la France et à son diocèse ; l'Évêque répondait en remerciant son clergé, en lui exprimant toute la tendresse de son cœur en lui révélant, soit les tristesses de son âme à la vue de nos épreuves toujours renouvelées, soit les consolations que sa confiance inébranlable entrevoyait dans l'avenir : échange familier de pensées et de sentiments entre un père et ses fils, d'où chacun sortait réconforté et prêt pour affronter les nouvelles surprises de l'année qui allait s'ouvrir.

VII

A plus forte raison, il ne se dispensa jamais d'aucune de ses obligations pastorales : il consacrait un mois chaque année à visiter une notable portion de son diocèse et c'était là aussi chaque jour qu'il recevait des témoignages nouveaux de la vénération et de l'amour de son peuple qui l'accueillait avec le plus vif enthousiasme (1). Nous n'avons pas besoin de dire avec quelle rigoureuse fidélité il accomplissait trois fois par an les cérémonies prescrites pour conférer les Saints-Ordres.

On a lu cette dernière scène qui se passa entre l'Evêque et ses grands vicaires, quand ceux-ci, le voyant épuisé de fatigue, le suppliaient de surseoir à l'ordination.

— Non, répondit Mgr Freppel, je ne puis retarder cette fonction ; je m'y traînerais plutôt à genoux.

---

1. Mgr Dénéchau, le pieux et zélé évêque de Tulle, raconte comment, se trouvant en visite chez un de ses parents, curé dans le diocèse d'Angers, celui-ci voulut lui faire donner la confirmation dans sa paroisse. Avec une grâce infinie destinée à adoucir le refus, Mgr Freppel supplia son collègue de ne pas se prêter à ce désir, qui le priverait de la consolation de donner le Saint-Esprit à quelques-uns de ses chers petits diocésains. Il ne voulait pas céder à un autre le doux labeur de son ministère, et tant d'autres travaux cependant sollicitaient son zèle!

C'est ainsi qu'il traduisit par des actes, et jusqu'à la fin, la parole du saint évêque de Tours, à laquelle il avait fait allusion dès le début de son épiscopat : « *Non recuso laborem.* Je ne puis me dérober au devoir de mon ministère. »

Les vicaires capitulaires l'ont filialement rappelé, dans le mandement, où ils résument, si fidèlement et avec tant d'autorité, la carrière pastorale du regretté pasteur :

« Comme il s'était attaché à cette Eglise d'Angers ! Comme il se montrait fier de sa bonne réputation, de la foi de ses enfants, de la douceur de ses habitants, de la grâce de ses paysages ! Comme il aimait à énumérer les ressources qu'il y avait trouvées pour fonder ou entretenir tant d'œuvres religieuses, encourager à tous les degrés l'enseignement chrétien, et surtout établir cet enseignement supérieur qui est devenu une des gloires de notre Anjou : cette Université catholique de l'Ouest, création grandiose conçue par lui et soutenue de sa forte main, qui réalise l'une des œuvres les plus hautes et les plus utiles de notre temps, et qu'il laisse confiée au bienveillant appui de nos vénérables évêques et au généreux concours de tous les gens de bien !

« Si notre pasteur vénéré ne négligeait rien pour procurer à ses diocésains le bienfait de l'instruction chrétienne, il n'était pas moins attentif à leur assurer tous les autres secours de la religion. Cette année même, qui devait être la dernière de sa vie, il en donna une de ces preuves qui font époque dans l'histoire d'une cité. Nous voulons parler de la mission incomparable donnée, au Carême dernier, dans toute la ville d'Angers par quarante religieux, avec un succès qui a dépassé toute espérance. Oui, cette mission fut son œuvre ! Ce fut bien lui qui en conçut le plan et qui sut le réaliser, malgré les appréhensions que pouvait faire naître dans une grande ville une entreprise aussi hardie. Aussi, quelle joie pour son cœur, quand la procession finale se déroula dans les rues de notre cité ! Quel bonheur immense et profond dilata son âme, quand il vit se dresser au-dessus d'une multitude innombrable de tout un peuple prosterné, le signe sacré de notre rédemption ! A la flamme de ses yeux, au rayonnement de son visage, on sentait qu'aucun des triomphes de sa vie n'avait égalé celui-là. Ce fut la joie suprême de son épiscopat, joie si intense et si pure, qu'on eût dû pressentir qu'après elle il n'y avait plus que les joies de la céleste patrie. »

VIII

Sous le gouvernement du maréchal de Mac-Mahon, Mgr Freppel avait été destiné à occuper un siège métropolitain, celui de Chambéry : ce devait être la récompense certes bien légitime de ses signalés services et de son remarquable talent. Mais l'Évêque d'Angers ne voulut pas consentir à quitter le diocèse, auquel il était si attaché : entre le troupeau et le pasteur, c'était à la vie et à la mort (1).

La lettre, par laquelle il se déroba à cette persécution, est un chef-d'œuvre de délicatesse et de sentiment. Il y disait :

« Je suis assurément on ne peut plus flatté de la confiance que me témoignent le clergé et les fidèles de la Savoie; et je remercie M. le ministre des cultes de ses bienveillantes intentions à mon égard. Mais il m'est absolument impossible de déférer à ce désir. Quitter l'Anjou, où j'ai placé toutes mes affections, serait un sacrifice au-dessus de mes forces. Les liens qui m'attachent à mon diocèse ont été formés dans les mauvais jours de la guerre, alors que je perdais, avec l'Alsace, ma patrie natale, et il semble que mes diocésains aient voulu me faire oublier cette perte par des témoignages d'affection auxquels je dois répondre par une fidélité inébranlable. J'éprouverais, à me séparer d'eux, un déchirement de

______

1. F. Chapot. *Op. et loc. cit.*

cœur qui me rendrait incapable de tout bien.

« Mon excellent ami, M. le ministre de l'Intérieur, enfant de l'Anjou, lui-même, sait à quel point je suis attaché à ce pays. J'y ai commencé des œuvres que je voudrais mener à bonne fin; j'y ai pris des engagements auxquels je dois satisfaire; je me suis imposé des charges que je ne puis léguer à personne. »

Tout en restant fidèle à son Église, il eût pu obtenir les honneurs cardinalices; Mgr Pie avait reçu le chapeau de cardinal tout en étant simple évêque de Poitiers et ce n'était pas le seul précédent qui aurait pu être invoqué. Mais telle était si peu son ambition qu'ayant été averti à temps d'une démarche officielle à ce sujet, il s'empressa d'intervenir pour la faire avorter. « C'était au commencement de 1885, raconte la *Franche-Comté*, M. Jules Ferry était encore au pouvoir... Fort reconnaissant du discours que Mgr Freppel avait, malgré toute la droite, prononcé au sujet de la politique coloniale, dont l'évêque aimait ardemment, si non la pratique, du moins le principe, M. Jules Ferry fit pressentir Léon XIII sur le choix de Mgr Freppel pour l'un des chapeaux vacants. Le Saint-Père, très évidemment, ne demanda pas mieux. Mais, quand l'Évêque fut prévenu de cette négociation, il supplia qu'on n'y donnât point suite, ne voulant pas que la pourpre romaine pût sembler la récompense d'une campagne toute désintéressée, où il avait cru devoir se séparer avec éclat de ses collègues de droite. »

La seule récompense à laquelle croyait avoir droit cet Évêque, c'était la vénération et l'amour de ses diocésains; il l'obtint et en jouit de longues années, mais ces sentiments de son peuple ont éclaté surtout, comme nous le disons plus haut, au jour de sa mort et pendant la solennité de ses funérailles triomphantes : « Un lien si puissant unit Angers au pontife qui la gouverne, écrit un témoin de cette cérémonie, que la ville, privée de son pasteur, interrompt ses travaux, ferme ses ateliers, congédie ses employés et clôt ses boutiques. Tous les partis portent le deuil. Sur le passage de l'Évêque, les fronts s'inclinent et les visages se couvrent d'un voile de tristesse. Demain, peut-être, les vieilles querelles se réveilleront, mais aujourd'hui une trêve générale désarme tous les citoyens. »

Et à ceux qui voudraient encore prétendre qu'en Mgr Freppel, le député a nui à l'évêque et que le diocèse a du souffrir de ses fréquentes absences, M. Oscar Havard se plaît à répondre victorieusement : « Qu'on n'aille point nous parler de diminution ni de décadence. Le vaillant Évêque qui vient de mourir lègue à son successeur un patrimoine fortifié et agrandi. J'en atteste ces écoles libres, ces collèges, ces séminaires, ces communautés qui sont passés devant mes yeux, la mine fière et le regard assuré, prêts à toutes les épreuves comme à tous les apostolats; j'en atteste ces deux mille prêtres qui entretiennent la vie morale dans les paroisses; j'en atteste les héroïques fils de saint Benoît, de saint Bernard, de saint François, de saint Dominique et de saint Ignace, dont les assidues prières désarment la divine justice : je prends à témoin, enfin, cette Université catholique si dévouée à la cause de la vérité libératrice. »

IX

Comment, au milieu de tant de préoccupations et d'un tel empressement autour de sa personne, l'Évêque d'Angers trouvait-il le loisir pour produire, en si grand nombre et avec une telle perfection, tant d'œuvres hors ligne, dont une partie suffirait à immortaliser un épiscopat ?

Nos lecteurs seront heureux de pénétrer dans ce cabinet de travail, où le laborieux Évêque préparait ses œuvres immortelles.

C'est son panégyriste qui nous y introduit.

« Voulez-vous savoir, mes frères, le procédé de composition de l'Évêque d'Angers ? Tout le monde ne l'a pas à sa disposition. Monseigneur composait presque toujours en se promenant dans son cabinet de travail. Le repos semblait l'impatienter ; la marche était plus dans sa nature vive et nerveuse. Une fois son sujet élaboré et perçu, il le fixait de tête dans le moule d'une phrase qui lui arrivait toute faite avec netteté et précision. C'est alors qu'il prenait la plume; le papier se couvrait rapidement et passait presque sans rature aux mains de l'imprimeur. « Je ne comprends pas, disait-il, qu'on s'y prenne à deux fois pour énoncer une proposition, c'est un signe qu'on n'a pas une idée nette. » Il lui arriva très rarement que son style fût entaché de quelque incorrection ou négligence ; il y portait remède avec soin, car Mgr Freppel, comme tous les écrivains de marque, avait à cœur d'envelopper sa pensée d'une forme irréprochable. »

Il avait, pour la préparation du fonds de ses discours, de ses harangues, sur des sujets qui pouvaient lui être moins familiers, un procédé que « tout le monde n'a pas non plus à sa disposition. »

Que de fois, à sa table, un de ses interlo-
cuteurs les plus goûtés en pareil cas, a-t-il subi
des assauts d'objections, dont il ne voyait pas
toujours, de prime abord, le vrai but.

— Mais, disait alors Mme Freppel à cet interlocuteur, M..., vous ne mangez pas !...

Pour un moment, le convive se remettait à
manger, mais, Monseigneur reprenant sa tactique, l'ami reprenait ses répliques, oubliant
de se nourrir, tandis que l'Évêque, qui souriait,
classait dans sa tête les réponses qu'il avait
volontairement provoquées.

Un jour, à Tours, où il devait prononcer un
grand discours en faveur de l'Université catholique, ne trouvant pas suffisantes à son gré les
démonstrations qu'il voulait faire passer devant
l'auditoire, il manda un professeur de sciences
et se mit à lui faire objections sur objections,
difficultés sur difficultés, tant et si bien qu'il
épuisa toute la série de prétextes que l'on
pouvait, plus ou moins sophistiquement, invoquer contre sa thèse. Le professeur, d'abord
interloqué en trouvant ce langage sur les lèvres

du grand évêque d'Angers, finit par prendre
feu et lui répondit avec une animation, qu'à
la sortie de l'entretien, il regrettait, craignant
de s'être départi du respect dû à son éminent
interlocuteur. Mais, celui-ci, au contraire,
paraissait radieux, et le professeur sortit, ravi
de voir avec quelle sérénité Mgr Freppel sup-
portait la contradiction. Il ne se doutait pas
qu'il venait de faire le discours de Monseigneur!

VII

LE PATRIOTE

Sommaire. — Une page vibrante de Bossuet. — Douleur patriotique.— Mesure qu'elle inspire à l'Evêque d'Angers. — La circulaire au supérieur du séminaire. — Comment la Chambre en accueille la lecture en 1881. — Les circonstances exceptionnelles semblent excuser une mesure aussi exceptionnelle, que les ennemis de l'immunité ecclésiastique essaient de retourner contre le principe. — Comment les séminaristes d'Angers se conduisent pendant la guerre. — Nous sommes vaincus. — Lettre à l'Empereur Guillaume. — Lettre à M. Emilio Castelar. — La solution qu'il préconisait. — Ce qu'il dit à ce sujet à l'Evêque de Verdun. — Un étranger. — La séance du 15 février 1883. — L'injure au drapeau voilé d'un crêpe noir. — J'ai rempli, messieurs, un devoir de reconnaissance. — Actes et écrits de patriotisme. — Une simple énumération de titres.

I

Le patriotisme est un sentiment chrétien.

Nos ennemis voudraient le contester.

Bossuet leur a répondu d'avance :

8.

— Jésus-Christ, dit ce grand homme, a établi, par sa doctrine et par ses exemples, l'amour que les citoyens doivent avoir pour leur patrie. Même, en offrant ce grand sacrifice qui devait faire l'expiation de tout l'univers, il voulut que l'amour de la patrie y trouvât sa place, et versa son sang avec un regard particulier pour sa nation.

Après avoir rappelé cette origine sacrée du sentiment patriotique, Bossuet prononce cet oracle :

— Quiconque n'aime pas la société civile dont il fait partie, c'est-à-dire l'Etat où il est né, est ennemi de lui-même et de tout le genre humain.

Et il conclut :

— Il faut sacrifier à sa patrie, dans le besoin, tout ce qu'on a et sa propre vie (1).

1. Bossuet, interprète de la tradition et de l'enseignement catholique, a écrit cette belle page dans sa *Politique tirée de l'Ecriture*.

II

Il revenait du Concile, le front encore
humide des onctions qui font les évêques,
l'âme illuminée des splendeurs de la vérité
qu'il venait de voir rayonner sous l'action du
Saint-Esprit présidant aux définitions conci-
liaires, le cœur pénétré d'une sainte joie
d'avoir apporté son talent et son suffrage à la
vérité maintenant définie!... Tout à coup, le
canon gronde, la France est envahie, l'Alsace,
la chère Alsace, subit la honte de l'invasion.
Comme lui, les autres évêques français
s'étaient hâtés de quitter Rome, et de rentrer
dans leur diocèse, où leur présence était nécessaire; ils ne devaient pas tarder à favoriser
le mouvement de résistance héroïque provo-
qué par la douleur de l'invasion allemande. Le
cœur de l'Évêque d'Angers devait souffrir plus

que tout autre de cette profonde humiliation :
sa chère Alsace était la proie de l'ennemi, et
il pouvait pressentir que le vainqueur impitoyable, si la victoire lui restait fidèle, ne
se résoudrait jamais à céder sa conquête.
Mgr Freppel, s'inspirant de son patriotisme
alarmé, prend aussitôt toutes les mesures
qu'il juge les plus efficaces, soit pour écarter
un tel malheur, soit pour venir en aide à nos
armées décimées.

A sa voix, s'organisent partout des ambulances, où affluent nos soldats malades et
blessés ; son palais lui-même est une infirmerie.
Le 20 octobre, il invite les communautés religieuses à souscrire à l'emprunt départemental
pour l'armement des gardes nationales.

Il fit plus. Par une hardiesse, qui avait son
excuse dans son grand cœur, il prit une déter-
mination que les ennemis de l'immunité ecclésiastique devaient un jour lui reprocher ironi-
quement.

C'était le 5 avril 1881, à la Chambre des
députés. Mgr Freppel bondit sous l'outrage.

— Messieurs, s'écria-t-il, je ne croyais pas que l'on viendrait un jour à cette tribune retourner contre l'immunité des clercs un acte de patriotisme.

La Chambre tout entière, sauf quelques sectaires mécontents, applaudit.

— Oui, reprit l'Evêque-Député, oui, c'est vrai, en 1870, en face de l'étranger, campant sur le sol de la patrie, à l'une de ces heures tristement solennelles, telles qu'il en a sonné peut-être trois ou quatre dans la vie du peuple français depuis quatorze siècles, après avoir converti mon séminaire en ambulance, j'ai écrit cette circulaire (1) que vous me permettrez de lire :

« Monsieur le supérieur,

« Nous sommes arrivés à l'un de ces mo-
« ments solennels dans la vie d'un peuple, où

---

1. A la date du 4 novembre 1870.

« le salut de la patrie exige un effort suprême,
« de la part de tous ses enfants. Jusqu'ici,
« grâce à Dieu, le clergé s'est montré à la hau-
« teur des circonstances difficiles que nous
« traversons : il est à son poste, sur les champs
« de bataille et dans les ambulances, recueil-
« lant les blessés sous le feu de l'ennemi, et
« leur prodiguant, avec les secours de son mi-
« nistère, toutes les ressources de la charité
« chrétienne. Mais le devoir a grandi avec le
« péril : les dévouements ordinaires ne suffi-
« sent plus à la situation qui nous est faite
« par des capitulations désastreuses, et par les
« prétentions exorbitantes d'un ennemi qui
« semble vouloir se mettre au ban de la civili-
« sation. Il faut que la nation se lève tout
« entière pour repousser loin d'elle la honte
« et le déshonneur. Or, c'est au clergé à donner
« l'exemple autant qu'il est en lui. Sous l'em-
« pire d'une législation protectrice des droits
« et des intérêts de la religion, les élèves du
« sanctuaire ont joui jusqu'à présent du pri-
« vilège de l'exemption militaire, et, je le dis

« à l'honneur de nos autorités locales, nulle
« d'entre elles n'a même songé à le lui dispu-
« ter. Mais, en face de la patrie humiliée et
« meurtrie, je n'hésite pas à croire que nos
« braves séminaristes sont tout prêts à renon-
« cer d'eux-mêmes au bénéfice de la loi,
« jusqu'à ce que l'étranger soit chassé du ter-
« ritoire français. C'est pourquoi, voulant
« concilier le respect des saints canons avec le
« devoir qui incombe à chacun de contribuer
« selon ses forces à la défense nationale, je
« vous charge, monsieur le supérieur, de
« veiller à l'exécution des mesures que je viens
« de prendre. Ceux d'entre les élèves du sémi-
« naire qui sont engagés dans les rangs de la
« cléricature se tiendront à notre disposition
« pour servir d'infirmiers dans les corps de
« troupes régulières ou auxiliaires. Quant aux
« autres, qui ne trouveraient pas d'empêche-
« ment dans l'état de leur santé ou dans la
« faiblesse de leur complexion, je vous prie de
« leur faire savoir de ma part que je les verrai
« avec grand plaisir s'engager dans la garde

« mobile ou dans la garde nationale mobilisée

« ou dans les légions de MM. de Cathelineau

« et de Charette... »

A cet endroit de sa lecture, l'extrême gauche, obéissant à la passion rancunière, fit entendre des rumeurs, que le président de la Chambre s'honora de réprimer par une protestation indignée, toute la Chambre acclamant les souvenirs de Patay.

Mgr Freppel, après cette explosion de reconnaissance patriotique, reprit triomphalement sa lecture.

« ... Déjà, une vingtaine d'entre eux ont

« devancé mon appel, et je les en félicite. Ou

« ils tomberont martyrs de la patrie, et ils

« auront rendu à la religion le plus signalé

« des services ; ou ils reviendront au séminaire

« avec l'auréole du dévouement, et le sacer

« doce ne comptera pas de membres plus for

« tifiés par l'épreuve du sacrifice, ni plus

« honorés de la confiance des peuples. Et

« quoi qu'il puisse arriver, nous aurons fait

« tout ce qui dépendait de nous pour le salut

« de la France, notre mère à tous. » (Applau-
« dissements, prolongés, dit le *Journal officiel,*
« sur un grand nombre de bancs.)

Cependant, quelques-uns même de ceux qui
applaudissaient émirent la prétention de trouver, dans la circulaire de 1870, un argument
contre l'immunité des clercs. L'Évêque d'Angers leur répliqua :

— J'ai écrit ces paroles, et je ne m'en dédis
pas. Je m'étais souvenu que, dans l'histoire de
l'Église, les situations extraordinaires ont toujours commandé des mesures exceptionnelles.
Je m'étais souvenu qu'en temps de famine on
avait vu des évêques et des prêtres vendre les
vases d'or et d'argent du sanctuaire pour
donner du pain aux pauvres. Mais, Messieurs,
est-ce une raison pour qu'en temps ordinaire,
l'Église ne conserve pas ses vases sacrés ? Je
m'étais souvenu que, dans des temps de
détresse extrême, on avait vu des femmes, les
Jeanne d'Arc, les Jeanne Hachette, prendre les
armes pour repousser l'envahisseur; mais,
Messieurs, est-ce une raison pour qu'en temps

ordinaire vous appreniez l'exercice à vos filles et à vos femmes ?...

A cet argument inattendu, la Chambre rit et sembla désarmée. Hélas ! elle devait bientôt reprendre cette arme, qui frappa bientôt l'Église de France du coup le plus cruel qu'elle ait jamais reçu, lorsqu'on vint arracher de ses bras, au milieu du sanctuaire, ses lévites, pour les jeter dans les hasards et les dissipations de la caserne. Rien de plus perfide n'a été entrepris et consommé contre le clergé, depuis la fondation du Christianisme !

Quoi qu'il en soit, Mgr Freppel eut la consolation de voir son appel entendu.

Les séminaristes d'Angers, transformés en infirmiers, en mobiles ou en francs-tireurs et en zouaves, accomplirent des prodiges de valeur et de dévouement.

L'Évêque était fier de ses enfants.

Hélas ! leur héroïsme ne put empêcher l'œuvre de destruction de s'accomplir. La France fut vaincue, et l'Alsace resta au pouvoir du vainqueur.

III

La douleur du fils de l'Alsace fut immense.

N'écoutant que son cœur, il tenta une démarche, sur laquelle son patriotisme pouvait seul s'illusionner.

Il écrivit à l'Empereur Guillaume !

— Croyez-en, disait-il au vainqueur, un évêque qui vous le dit devant Dieu et la main sur la conscience : l'Alsace ne vous appartiendra jamais. Vous pourrez chercher à la réduire sous le joug, vous ne la dompterez pas. Catholiques ou protestants, tous ont sucé, avec le lait de leur mère, l'amour de la France, et cet amour a été, comme il demeurera, l'une des passions de leur vie.

Puis, rappelant le passé d'attachement séculaire à la mère patrie :

— Ces choses-là, ajoutait-il, sont sacrées

comme la pierre du temple et la tombe des
ancêtres...

Cette pensée, cette indomptable espérance,
le prélat alsacien la garda au cœur, sans vouloir consentir à la moindre concession.

Le 13 février 1888, il écrivait à M. Emilio
Castelar, membre du Parlement espagnol, qui
venait de prononcer un admirable discours,
où il démontrait que la restitution par l'Allemagne de l'Alsace-Lorraine à la France serait
le gage de la paix générale pour l'Europe :

— Votre thèse est l'évidence même. La guerre
de 1870 qui, en raison de nos revers, devait
entraîner comme résultat logique la constitu-
tion de l'unité allemande, a eu pour consé-
quence *anormale* le démembrement de la
France. Voilà le mal dont nous souffrons et
qui pèse d'un égal poids sur toutes les nations
européennes. C'est la cause unique de tous ces
armements si disproportionnés avec les ressources des États, et qui sont à la fois un déshonneur et un danger pour la civilisation
moderne...

Puis, il indiquait la solution du problème :

— Comment veut-on que, les choses étant ce qu'elles sont, l'Alsace-Lorraine d'une part et la France de l'autre, ne désirent pas obtenir, non point par la voie des armes, mais pacifiquement, la révision du traité de Francfort. On nous dit qu'il faudra une nouvelle guerre pour trancher définitivement la question ; mais, comme je le faisais observer à la tribune du Parlement français, une nouvelle guerre ne résoudrait rien du tout. Vainqueurs et vaincus n'en conserveraient pas moins leurs sentiments. Ce serait à recommencer dans quelques années, à moins d'extermination de l'un des deux peuples. Ce crime, le plus épouvantable dont l'histoire aurait fait mention, l'Europe le laisserait-elle commettre ? Est-ce que la France et l'Allemagne, comme grandes puissances, ne sont pas l'une et l'autre, chacune dans sa sphère d'action, également nécessaires à l'équilibre européen et au développement de la civilisation chrétienne ? Et, s'il en

est ainsi, peut-on s'arrêter un instant à l'idée
d'un pareil forfait ?

Cette solution lui était chère. Il la dévelop-
pait volontiers dans l'intimité et en public. Il
y revenait sans cesse.

Un jour, il le dit à l'Évêque de Verdun :

— Je ne demande pas, je ne veux même
pas entrevoir un rachat de mon pays, au prix
d'une catastrophe pour l'humanité. Autant
que qui que ce soit, j'appréhende l'éventualité
d'une guerre exceptionnellement redoutable.
Mais la Providence a d'autres moyens, dont la
mise en œuvre et l'heure opportune nous
échappent. Il suffit à mon patriotisme et à ma
foi de penser que, d'une part, on prie et on
espère ; de l'autre, avec des vues élevées au
dessus des questions, toujours secondaires
d'amour-propre national et de droits du plus
fort, certaines combinaisons d'ordre général
peuvent faire incliner les volontés à un grand
acte de sagesse internationale.

Et c'est de cet Alsacien qu'un fonctionnaire

subalterne osait demander hier au curé d'Obernai, pourquoi il avait rendu de tels honneurs
funèbres à la mémoire d' « un étranger » !

IV

Jamais il n'atteignait une telle hauteur d'éloquence, comme lorsqu'il pouvait parler de la
province natale.

La tribune française retentit encore des cris
que ce sentiment blessé lui arrachait, dans la
séance du 15 février 1883, lors de la discussion du projet de loi qui expulsait les membres des familles qui ont régné en France.

— J'ai une qualité personnelle, fit-il, pour
protester contre les mesures qu'on propose à
la Chambre d'adopter. Je ne saurais, en effet,
oublier un seul instant que c'est aux souverains
dont on vous demande de frapper la famille

que je dois, moi qui vous parle, l'honneur d'être Français...

La droite applaudit, l'éloquent prélat continua :

— C'est donc en ma qualité d'Alsacien, c'est au nom de l'Alsace-Lorraine, c'est comme interprète de nos frères absents de la grande famille française, que je viens, du haut de cette tribune, protester contre la proscription des descendants et des membres de la famille de Louis XIV...

La gauche fit entendre des réclamations. Se tournant vers elle, d'un air fier, Mgr Freppel lui posa cette question :

— Cette Alsace, cette Lorraine, dont nous pleurons la perte, et qui, avant nos désastres de 1870, faisaient notre légitime orgueil, à qui les deviez-vous? qui les avait réunies au territoire national, à force d'habileté et de persévérance? La Maison de France....

La droite couvrait de ses applaudissements les murmures de la gauche. Le prélat patriote continua :

— Les ancêtres de ces princes que l'on vous demande de proscrire, d'envoyer en exil, de disperser sur tous les chemins de l'Europe, que l'on vous propose de traiter, comme des étrangers, comme des suspects, comme des ennemis.

Les interrupteurs essayèrent d'une diversion, l'Évêque ne les en laissa pas jouir :

— Eh bien, fit-il résolument, je dis qu'une ingratitude aussi profonde retentirait douloureusement au cœur des Alsaciens-Lorrains.

Et, comme les interruptions continuaient, il lança cet éloquent défi à ses adversaires :

— Je dis qu'une pareille proscription, qu'une expulsion aussi odieuse, serait une injure cruelle à ce drapeau voilé d'un crêpe noir, qui est devenu le drapeau de l'Alsace-Lorraine....

Et, en descendant de la tribune, il s'écriait :

— J'ai rempli, Messieurs, un devoir de reconnaissance.

V

Nous retrouverions, dans les actes et les écrits de l'Évêque d'Angers, durant la période qui s'écoula depuis son élévation à l'épiscopat jusqu'à celle où nous avons hâte de conduire le lecteur, bien d'autres témoignages de son patriotisme, éclairé par cette conviction profonde que la religion catholique est nécessaire au bonheur et à la prospérité de la France. Mais, il nous faut paraître négliger ces choses (1), pour en arriver à cette année 1880,

1. Nous citerons du moins quelques titres :
— *La question des Lettres d'obédience.*
— *De l'Enseignement religieux dans les écoles*
— Lettre à **M.** Jules Simon sur l'*Inamovibilité des desservants.*
— Lettre à **M.** de Villemessant, rédacteur en chef du *Figaro.*
— Lettre à **M.** Harmel sur le *Manuel de la Corporation.*

qui marqua la dernière et la plus glorieuse période de cette noble vie.

— Lettre à Gambetta, en réponse au discours de Romans.

— Lettre à M. Dufaure sur la *Délation contre la magistrature*.

— Pétition relative au *Projet de loi sur l'Enseignement supérieur*.

— Remarques sur le rapport de M. Spuller concernant ce même projet.

— Lettre à M. Jules Ferry en réponse à l'une des assertions de son discours.

— Lettre à Paul Bert sur *la Théologie morale du P. Gerry*.

— Lettre au R. P. Clair sur le même sujet.

— Observations relatives au projet de loi sur *le Conseil supérieur de l'Instruction publique*.

— Lettre sur *l'Exclusion du Clergé catholique de la Commission des hospices*.

— Lettre touchant *les Décrets relatifs aux Congrégations religieuses*.

— Observations sur *la Situation légale des chapelles dites non autorisées*, etc.

Ces simples intitulés montrent de quelles richesses se compose cet arsenal, qu'on appelle la collection des *Œuvres polémiques* de Mgr Freppel. Les documents cités et d'autres se trouvent dans les tomes I et II de cette série, qui en compte neuf.

VIII

L'ÉLECTION

Sommaire. — Les origines de l'élection de Mgr Freppel racontées par M. Eugène Veuillot. — Comment il sollicita le mandat législatif. — Un récit pittoresque de l'entrée de l'Évêque-député à la Chambre. — Je suis Alsacien et je représente des Bretons. — La parole est à M. le député Freppel. — Une leçon d'étiquette et d'histoire. — Une énumération éloquente. — Comment un jour Mgr Freppel fit l'obstruction à la fin de la législature. — Il enterre la loi sur les incompatibilités. — Il rend compte à ses électeurs de son mandat. — Sa réélection en 1881. — Sa bonhomie dans les relations entre collègues, même ennemis. — Il y avait du Maury chez lui. — Hommages que lui ont rendus les Clémenceau et les Goblet. — Fine observation d'un critique observateur. — Le président Floquet provoque des applaudissements unanimes à la Chambre, en faisant l'éloge de l'Évêque-député.

I

L'histoire de l'élection de Mgr Freppel au mandat de député a une origine, que M. Eugène

Veuillot (1) a, le seul peut-être parmi les publi-
cistes qui en ont parlé, mis en pleine lumière

« La France était envahie. Dans l'Évêque on
vit le fils de l'Alsace, le patriote. Quel feu,
quel dévouement il montra pour la défense
nationale! Des élections complémentaires
eurent lieu à Paris au lendemain de la Commune. Un comité de la presse conservatrice
se forma et l'*Univers* en fut. Son représentant
proposa et, non sans peine, fit accepter la
candidature de l'Evêque d'Angers au double
titre d'Évêque et d'Alsacien. Notre cher can-
didat eut environ 70.000 voix; il aurait été
élu, si le groupe libéral du parti de l'ordre avait
fait son devoir. Mais de ce côté on lui gardait
rancune de ses travaux du concile; et puis on
ne voulait pas dans l'Assemblée d'autre évêque
que Mgr Dupanloup. Du reste, cette tentative
donna plus tard des fruits. C'est en souvenir
de la candidature parisienne que le Finistère

1. *Univers* du 24 décembre 1880.

ouvrit à Mgr Freppel la carrière politique.
Nous pouvons l'affirmer.

« Cette carrière, il y était appelé par la nature
même de son talent, la trempe de son caractère
et les nécessités de notre temps. Il fallait qu'un
évêque portât la vérité dans ces Chambres
révolutionnaires, antichrétiennes, et parlât de
cette tribune au pays. Quel autre eût pu le
faire mieux que l'Evêque d'Angers? Peu
importe qu'il ait pour le moment lutté en vain,
s'il a dit ce qu'il fallait dire et jeté des semen-
ces qui produiront des fruits! Mgr Freppel a
eu là un grand rôle et rendu de grands
services. Sa vie s'y est consumée ; mais donner
sa vie pour la défense de l'Eglise, n'était-ce
pas son vœu, sa passion et, comme il le disait
lui-même, son devoir? Il n'a certainement pas
regretté sur son lit de mort de s'être épuisé à
prononcer ce dernier discours qu'une majorité imbécile et odieuse a presque refusé
d'écouter. »

II

M. de Kerjégu, député de la 3ᵉ circonscription électorale de Brest (Finistère), était mort au mois d'avril 1880. Ses électeurs songèrent à offrir au vaillant Évêque d'Angers de remplacer leur noble représentant défunt.

Mgr Freppel accepta avec une joie patriotique et une sainte fierté.

Il l'écrivait aux électeurs de la 3ᵉ circonscription de Brest (1) :

— En me voyant accepter une candidature qui m'avait été offerte avec tant de spontanéité par un grand nombre d'entre vous, personne n'a pu se méprendre sur vos intentions ni sur les miennes. Il faudrait fermer les yeux à l'évidence pour ne pas voir que les plus graves

____

1. Circulaire du 23 mai 1880.

intérêts religieux de notre cause sont actuellement en cause devant la Chambre des députés.

En effet, les décrets du 29 mars 1880 sur ou plutôt contre les congrégations religieuses atteignaient l'Église dans plusieurs de ses institutions les plus fécondes. Un autre projet de loi sur les fabriques paroissiales allait porter le trouble et la ruine dans l'organisation du culte. Avec l'exclusion de tout enseignement religieux, c'était l'école sans Dieu et sans foi que les puissants du jour avaient l'intention de rendre obligatoire pour tous. Ils voulaient tarir la source même du sacerdoce, en imposant aux élèves des grands séminaires un service incompatible avec leur vocation et leur ministère futur.

— Devant une telle situation, disait Mgr Freppel à ses futeurs électeurs, vous avez pensé que la présence d'un évêque au Parlement pouvait avoir son utilité, ne serait-ce que pour y faire entendre des paroles de justice et de modération. Honneur à vous,

nobles fils de la Bretagne, d'avoir compris c...
que toutes les nations chrétiennes se font u...
devoir de pratiquer, en accordant une part au...
ministres de la religion dans la représentatio...
des intérêts du pays.

Puis, l'Alsacien s'estimait fier de devoir...
sans doute à cette qualité de son origine l...
préférence dont il était l'objet :

— Oui, disait-il, il m'est doux de pense...
qu'en songeant à moi pour plaider sa caus...
dans les conseils de la nation, la Bretagne...
voulu envoyer à l'Alsace un témoignage de se...
regrets et de sa douloureuse sympathie. Me...
compatriotes, dont le deuil est demeuré l...
mien, ressentiront vivement cette marque d'at...
tention si digne d'un peuple qui, plus que tou...
autre, a su garder le culte des souve...
nirs !

Il se contenta d'écrire cette circulaire...
refusant de mêler sa robe d'évêque aux luttes...
électorales.

Il fut élu à une majorité considérable. I...
6 juin 1880, et son élection eut, comme il l...

disait dans une seconde circulaire (1) à ses électeurs, devant la France entière, la signification
que les Bretons voulurent lui donner : une
preuve de leur attachement à la foi de leurs
pères, un hommage rendu à la liberté du culte
catholique, de l'enseignement catholique, de
toutes ces grandes choses qui, depuis l'origine
de la France, constituent une partie essentielle
du patrimoine national.

III

C'est à un chroniqueur du *Figaro* (2) que nous
emprunterons le récit des débuts parlementaires du grand Evêque. Tout n'est peut-être pas
complètement exact dans les appréciations du
journaliste, mais il y a beaucoup de vrai, et,

---

1. Circulaire du 13 juin 1891.
2. Le Maréchal. *Figaro* du 25 décembre 1891.

en tout cas, il est intéressant de surprendre ce témoignage peu suspect.

« Le moment était difficile pour un évêque qui avait une réputation d'ultramontanisme. Ses administrés d'Angers le représentaient comme un autoritaire; même parmi les conservateurs libéraux où l'on connaissait son antipathie pour M. de Falloux, les craintes, les préventions étaient grandes. Ne deviendrait-il pas un embarras dans un moment où se préparaient les persécutions contre le clergé! Etait-ce le cas de prendre une attitude belliqueuse, provocante? Des membres de la minorité se prenaient à regretter cette recrue.

« Enfin Mgr Freppel fit son entrée. Bien curieux fut ce début dont on retrouverait les péripéties dans les comptes rendus du temps. La droite fut en partie réservée, mais tous les députés de la minorité manifestèrent pour le prélat, toutefois, la déférence due à sa situation épiscopale. A gauche, c'était des ricanements mal dissimulés, une curiosité peu bienveillante. Voilà l'ennemi! semblait-on dire, clignant de l'œil à Gambetta, qui occupait le fauteuil et surveillait les mouvements du titulaire du siège de Brest.

« Comment le président de la Chambre, quand le successeur du vieux M. de Kerjégu allait monter à la tribune, le qualifierait-il? Oserait-il lui donner du « Monseigneur »? Grosse question qui avait agité les couloirs, amené une énorme affluence dans les tribunes. Anxieuse aussi, la droite attendait. Gambetta, qui avait son plan arrêté, voulant sans doute trancher la situation conformément au vœu de ses amis, affecta de dire : MONSIEUR FREPPEL, VOUS AVEZ LA PAROLE !

« La minorité murmura, quelques gauchers applaudirent, mais ce premier incident fut bientôt clos. Seulement, l'Évêque d'Angers n'en fut point quitte pour cette première épreuve. Le ton de prédicateur qu'il avait à son entrée au Parlement, sa méthode d'éloquence sacrée, tout cela lui valut pendant quelque temps des quolibets, des outrages qui lui arrivaient jusqu'à la tribune.

« — J'entends tout, avouait-il, mais cela me donne plus de courage. »

Bientôt d'ailleurs, en homme intelligent qu'il était, il modifia ses procédés oratoires. Mais, le fait suivant montre qu'il n'en avait pas autant besoin qu'on l'a dit.

La gauche venait d'accueillir son premier discours, qui traitait courageusement et avec une vigueur tout épiscopale de l'inique expulsion des jésuites, par des cris, des grognements, des coups sur les pupitres, des injures.

Impassible, et sans se déconcerter, dominant de sa forte voix les hurlements de ses adversaires :

— Messieurs, dit l'évêque, je suis Alsacien et je représente ici les Bretons ; c'est assez vous dire que, pour lasser ma patience, vous aurez à vaincre deux ténacités au lieu d'une. C'est peut-être beaucoup. »

Le calme se fit :

— Je répète ma phrase, reprit l'orateur, dût-elle encore vous faire sourire... »

Le président avait peut-être espéré le désaronner, en s'exprimant comme il le fit, aux applaudissements de la gauche :

— La parole est à M. le député Freppel.

— M. le président, fit aussitôt le nouveau député, vient de me donner un titre qui m'ho- ore et dont je me glorifie.

A quelque temps de là, Mgr Freppel fut mené à prendre sa revanche. Il avait à parler de feu le cardinal Mathieu, archevêque de Besançon ; il le dénomma ainsi : « *Monsieur* le cardinal Mathieu. » Toute la gauche, enten- ant le Député-Evêque s'exprimer de la sorte, e tourna vers lui et vociféra, avec un ton ouailleur :

—Mais dites donc au moins Monseigneur.

L'Evêque d'Angers laissa les interrupteurs 'apaiser, reprit, sans se troubler, la phrase qu'il vait commencée, et continua de dire *Monsieur* e cardinal Mathieu...

Nouvelle apostrophe de la gauche dans les mêmes termes.

Alors le prélat se tournant, à son tour, vers es collègues, leur dit :

— Messieurs, vous mettez une telle persis tance à m'interpeller à propos du qualificati *Monsieur* que j'ai substitué à celui de *Monsei gneur*, à l'égard du cardinal Mathieu, que j me vois dans la pénible nécessité de vous don ner, bien malgré moi, une petite leçon d'éti quette et d'histoire.

En France, au temps du beau langage, au xviie siècle, on disait, en parlant d'un cardinal *Monsieur* le cardinal, comme on disait *Mon sieur*, en parlant du frère du roi. La raison en était que, dans notre pays, les princes de l'Église étaient assimilés aux princes du sang tandis que, lorsqu'il s'agissait d'un simple évêque, comme moi, ajouta Mgr Freppel avec un doux sourire et en ramenant sa main droite sur sa poitrine, on disait *Monseigneur*.

La gauche et la droite s'empressèrent alors d'applaudir, avec le plus parfait ensemble, la narration de l'évêque d'Angers.

IV

C'est ainsi, comme on l'a très bien fait observer, que la parole de l'Évêque s'imposait à ses ennemis eux-mêmes ; et, pendant plus de onze ans, Mgr Freppel devait se tenir sur la brèche, réjouissant les amis de l'Église, méritant les applaudissements de la France catholique, forçant le respect et l'admiration de ses adversaires. « Il tenait tête, dit l'*Anjou*, à l'armée des sophistes et des sectaires qui font le siège de l'Église et de la société française. Pas une question religieuse n'a été soulevée sans qu'il ait pris la parole. On pourrait dire, pas une question sociale. Les titres seuls des discours qu'il a prononcés sur des sujets très divers, à des dates souvent très rapprochées, avec une connaissance « toujours exacte du sujet, montrent la prodigieuse activité du pré-

10

lat. » Et le journal catholique donne la nomen-
clature de ces discours pendant les seules trois
premières années, de juillet 1880 à novembre 1883 ; le chiffre s'en élève à 60, et comme
la proportion est au moins la même pour les
huit dernières années, on a calculé que l'Évêque d'Angers avait prononcé à la tribune parlementaire plus de 200 discours. Citons au
hasard quelques titres : Interpellations sur
l'expulsion des Pères Jésuites et des religieux
de Solesmes, contre la gratuité de l'enseignement, contre la suppression de l'inamovibilité
de la magistrature, contre les impôts des communautés religieuses, contre l'obligation et la
laïcisation de l'enseignement primaire, contre
la liberté illimitée de la presse, contre la pro-
miscuité des cimetières, contre le projet de
loi tendant à soumettre les ecclésiastiques au
service militaire, sur les droits du clergé en
matière électorale, contre les enterrements
civils, contre l'abrogation du Concordat et la
suppression de notre ambassade près le Vatican, sur le monopole des pompes funèbres,

sur la loi d'expulsion des membres des familles ayant régné en France, sur la qualification inexacte de « fonctionnaire » appliquée aux évêques, sur les expéditions du Tonkin et de Madagascar, le recrutement de l'armée, le divorce, les menses épiscopales, les récidivistes, les aumôniers militaires, etc., etc.

Parfois même, il semble abuser de son incroyable facilité, comme en cette fin de législature 1888, où la Chambre allait clore son mandat et se séparer. Cependant, une loi, votée au Sénat, était pendante devant elle, loi qui interdisait le cumul du mandat législatif avec certaines fonctions, parmi lesquelles celles d'évêque, les évêques étant considérés comme des fonctionnaires. Mgr Freppel ne voulait pas que cette loi vînt en discussion, sûr que la Chambre la voterait. Or, on avait hâte d'en finir avec une loi militaire qui était, croyons-nous, la loi sur l'état-major. Que fit l'Évêque d'Angers ? Il fit l'obstruction à lui seul. Il parla sur tous les articles. Il parla cinquante heures, soixante heures, quatre-vingts heures. Il parla sur le classement d'une forteresse de dixième ordre, d'une bicoque en Algérie, ou bien contre son déclassement, L'impatience saisit la Chambre : elle se hâta de voter ; on se hâta de la dissoudre. La loi sur les incompatibilités, émanée de l'initiative parlementaire, fut enterrée du même coup.

V

Aussi, avec quelle assurance il rend compte à ses électeurs de son mandat, dès la première année de son entrée au Parlement.

— Il y a un an, leur écrit-il (1), vous m'avez fait l'honneur de me choisir pour vous représenter à la Chambre des députés. Devant les graves intérêts qui se trouvaient en jeu, il vous avait paru que la présence d'un évêque au

_____

1. *OEuvres polémiques*, 3ᵉ série, p. 391.

Parlement pouvait être utile à la défense de vos droits et de vos libertés. Suivant vos prévisions et les miennes, je n'ai eu que trop souvent l'occasion d'intervenir dans les débats de l'Assemblée.

Il énumérait ensuite ces interventions :

— Mon premier acte, dès mon entrée à la Chambre, a été de protester en votre nom et au mien contre l'exécution des décrets du 29 mars 1880, qui me semblaient violer, dans la personne de plusieurs milliers de citoyens français, la liberté individuelle, la liberté religieuse, la liberté d'association, la liberté d'enseignement, le droit de propriété et de domicile, en un mot, tous les droits et toutes les libertés que les pays civilisés se font gloire de compter parmi leurs biens les plus précieux.

VI

Ses électeurs lui répondirent, en lui renou-
velant son mandat à une majorité beaucoup
plus considérable encore que l'année précé-
dente. Il en fut ravi.

— Tant qu'il restera en France une tribune
libre, écrivit-il de nouveau à ses commettants,
et malgré les vides regrettables que l'indifférence des uns et l'ingratitude des autres ont
amenés dans nos rangs, nous élèverons la voix
en toute circonstance pour soutenir la cause
du droit et de la justice. C'est un grand honneur d'être appelé à défendre à tels intérêts;
et c'est une grande force de pouvoir parler au
nom de la Bretagne (1).

Ce n'est pas cependant qu'il traitât de bien

1. *Ibid.*, p. 409.

haut ses collègues ennemis. Un journal du boulevard a raconté comment, « plus d'une fois, il fit preuve d'esprit, de bonne humeur et égaya ses adversaires. Dans les couloirs, il ne craignait pas d'aborder les plus ardents, de les gagner par sa courtoisie, de les charmer par ses anecdotes racontées entre deux prises de tabac et un petit verre de curaçao. Un jour, Clovis Hugues le tutoya, l'appelant mon vieil évêque, et Mgr Freppel fut le premier à rire de la familiarité amicale du député de Marseille. Celui-ci ne le quittait plus, ni M. de Douville-Maillefeu, ni le vieux député Vergnes.

Souvent aussi Mgr Freppel et M. Clémenceau s'entretenaient amicalement non dans les couloirs, mais dans la salle des conférences. Pour le salon de la Paix, l'Évêque d'Angers le fuyait, car il redoutait les interviews et les journalistes. »

Il y avait du Maury, et beaucoup, dans ce tempérament parlementaire.

Aussi, comme Mirabeau le fit pour son célèbre rival à la Constituante, les adversaires

politiques de Mgr Freppel lui rendaient hommage. La *Justice*, à l'occasion de sa mort, n'a
pas hésité à l'écrire :

« L'Évêque d'Angers discourait sur beaucoup de sujets humains et, autant que le
lui permettait son caractère épiscopal, avec
des arguments humains. Ses passions n'étaient
pas des passions d'église: c'étaient des passions politiques bien vivantes. Dans les com-
mencements, quand il débuta à la tribune,
dans ce terrible milieu plein du bruit des
batailles, devant un auditoire divisé par des
passions diverses, hostiles, contradictoires, et
qui éclatent à tout instant en interruptions ou
ironiques ou violentes, il avait encore gardé
le genre oratoire qui convient aux sermons; il
y renonça bien vite et l'on peut dire que cet
Évêque réussit à « laïciser » son éloquence...
La droite en le perdant a certainement perdu
une de ses parures, une de ses forces. Et c'est
aussi une perte pour la tribune. »

Le journal de M. Goblet, l'*Estafette*, l'écrivit
de son côté :

« M. Freppel... valait par ses vertus dont on ne parlait pas autant que par ses mérites qui firent grand bruit dans le monde. Le chroniqueur, pour éloigné qu'il soit des opinions défendues par le vénérable prélat, a le devoir de saluer un prêtre qui fut un savant et un caractère... A la Chambre, les hommes sérieux marquaient à l'Évêque Freppel la déférence due à son caractère et à ses talents. Il avait su s'imposer par sa belle humeur, par les saillies d'un esprit affiné, par sa courtoisie. On goûtait, dans ses discours, d'où le ton sacerdotal était banni, la sévérité de la méthode, l'imprévu des aperçus, la vaillance de l'esprit, et surtout la belle langue française qu'il parlait... »

« Que ces discours *portent*, comme on dit, sur la Chambre ou ne *portent* pas, écrit un critique délicat et plein d'esprit, ce n'est point là la question. L'auditoire à la Chambre est tellement factice et artificiel ! Mais lisez-les, ou relisez-les : vous y découvrirez un orateur parlementaire de premier ordre, du tout à fait premier... Vous y verrez un dialecticien remar-

quable servi par une vaste érudition, par une
facilité d'assimilation prodigieuse, par une
rare capacité de travail, par une mémoire
infatigable, par beaucoup de bon sens, de
trait et même de belle humeur. »

Et M. Floquet lui-même, le président de la
Chambre qui avait eu, à ce qu'on dit, si peu de
bienveillance pour Mgr Freppel intervenant
de sa voix défaillante dans le débat de l'inter-
pellation Hubbard, a tenu, semble-t-il, à répa-
rer ses torts en faisant de la mission parlementaire de l'Évêque d'Angers l'éloge le plus
impartial et le plus complet. « Son éloquence,
dit-il au milieu de l'attention la plus sym-
pathique, était celle qui convient aux libres
délibérations des assemblées politiques : prodigue d'elle-même, toujours prête à la lutte,
armée depuis longtemps sur toutes les questions, également à l'aise dans la revendication
des plus grands principes et dans le manie-
ment de la tactique la plus souple. Elle valut
à notre collègue plus d'un succès parlementaire ; elle eut la bonne fortune de réunir plu-

sieurs fois tous les cœurs dans une émotion commune... » Les applaudissements partis de tous les bancs de la Chambre disaient assez que ce langage était bien la fidèle expression de la pensée commune aux membres d'ordinaire si divisés et parfois si hostiles de cette Assemblée.

IX

SOUVENIRS PARLEMENTAIRES

Sommaire. — Qu'il y avait du Maury en Mgr Freppel. —
M. Cazot comparé à un ange. — On me répond par des
périodes. — *Jocelyn* est à l'Index. — Réplique à M. Villain. — Verte leçon donnée à un interrupteur obstiné. —
Plaisanteries moins acérées. — M. Goblet comparé à
Scipion l'Africain. — Un sous-préfet qui demande à
être relevé d'une excommunication. — Lune de miel et
lune rousse. — Spirituel récit d'une expédition contre
Solesmes. — Il stigmatise l'athéisme de la neutralité
envers Dieu et oblige M. Clémenceau à faire un aveu
qu'il faut retenir. — Allez vers les Juifs! — Nous restons,
nous, du côté de l'Eglise et de la France. — Lettre de
M. le] comte de Paris au sujet du royalisme de
Mgr Freppel.

I

Nous avons dit qu'il y avait du Maury en
Mgr Freppel.

Le moment est venu de parcourir sa belle
carrière parlementaire et de constater que

11

s'il ne trouve jamais en face de lui de Mirabeau — Gambetta mort — il était digne de rencontrer un tel adversaire. Les rieurs, comme les logiciens, eussent souvent passé de son côté.

Les traits que nous allons citer le montreront, croyons-nous, avec surabondance. La presse en a cité quelques-uns. Elle a laissé les plus piquants dans l'ombre, d'où nos lecteurs nous sauront gré de les tirer.

Comme le rappelait tantôt le journal de M. Clémenceau, au commencement de sa législature, l'évêque d'Angers apportait souvent à la tribune l'intonation et les procédés de l'éloquence de la chaire. Il s'en corrigea bien vite, et, même avant de s'en être corrigé, il réparait souvent par un trait d'esprit sa distraction.

Un jour, c'était au commencement de sa nouvelle carrière, il parlait contre la suppression de l'inamovibilité de la magistrature (1),

1 Séance du 18 novembre 1880.

et venait de lancer cette période redondante :

— J'avais le dessein de montrer que, en tenant pendant une année entière suspendue sur la tête de tous les membres de l'ordre judiciaire le glaive de l'ange exterminateur...

La gauche s'exclama bruyamment :

— Messieurs, fit en souriant l'orateur en montrant le garde des sceaux, je ne croyais pas manquer de déférence envers l'honorable M. Cazot, en le comparant à un ange.

On lui reprochait ses périodes, il rétorqua le reproche, à la séance du 15 mars 1881 :

— M. le rapporteur me reproche de n'être pas intervenu samedi dernier dans le débat. Je lui répondrai que je n'avais pas alors de renseignements précis et détaillés sur le point en question, et que je n'aime jamais à parler de ce que je ne sais pas !... Je vous ai apporté aujourd'hui à la tribune des faits et des chiffres, et je regrette qu'on ne m'ait répondu que par des périodes.

II

Par exemple, il ne fallait pas l'interrompre par une observation qu'il jugeait au-dessous du sérieux dans la discussion. M. Henri de Lacretelle l'éprouva, à la séance du 27 mai 1881.

L'orateur, parlant de l'immunité ecclésiastique des clercs, venait de lire, à la tribune, la page célèbre de Lamartine sur le curé de campagne.

— C'est pour cela, interrompit M. de Lacretelle, que le Pape a mis *Jocelyn* à l'Index !

— Mais non, répondit doucement Mgr Freppel, mais non, monsieur de Lacretelle, ce que je viens de lire n'est pas l'Index.

— J'ai dit, reprit l'interrupteur, que *Jocelyn* est à l'Index. Je maintiens le fait. Consultez les listes noires du Vatican !

— Mais, répliqua l'orateur un peu agacé, cela n'est pas tiré de *Jocelyn*.

— Je vous dis, répéta M. de Lacretelle qui tenait à sa découverte, comme un fait positif, que *Jocelyn* est à l'Index !

— Mais, *Jocelyn* est en vers et ce que je viens de vous lire est de la prose !

Le malheureux interrupteur essaya vainement de ricaner. Sa réponse se perdit au milieu des rires partis des bancs de la droite et d'autres groupes aussi, où l'esprit gardait ses droits.

Une autre fois, c'est à M. Henri Villain qu'il fit cette sanglante réponse, qui mit fin aux interruptions de ce député, après un court et insuffisant essai de défense. C'était à la séance du 13 novembre 1883.

Mgr Freppel venait de dire :

— Je n'entends pas parler de la morale de ceux qui prétendent que l'homme descend du singe..... et tout le monde sait que cette morale-là ne peut pas être très élevée.

M. Henri Villain, qui se démenait, depuis

un moment, pour interrompre, osa crier :

— Surtout dans votre bouche...

Mgr Freppel, qui jusque-là dédaignait l'interrupteur, se tourna vers lui :

— Je ne comprends rien, fit-il d'un ton superbe de hauteur, à la charge si impétueuse que l'honorable M. Villain vient d'exécuter contre moi. Aurait-il quelque avantage à soutenir l'espèce de morale que je viens d'écouter tout à l'heure comme n'étant pas en cause.

Mais, la plus piquante exécution qu'il ait jamais faite fut celle de M. Germain Casse.

Ce député semblait s'être donné la mission d'interrompre plus particulièrement l'Évêque d'Angers. Ainsi, lors de la discussion de l'abominable projet de loi contre l'indissolubilité du mariage, pendant le magnifique discours de Mgr Freppel contre cette atteinte portée au caractère sacré de l'union conjugale (1), il avait osé crier à l'orateur :

---

1. Séance du 13 juin 1882.

— Vous ne connaissez pas le premier mot du mariage !

— Je répondrai au député qui m'interrompt, s'était borné à lui répliquer le patient discoureur, que je puis parler du mariage aussi pertinemment que les nombreux célibataires qui siègent sur ces bancs.

La spirituelle longanimité de l'Évêque ne désarma point M. Germain Casse. Il revint souvent à la charge, surtout à la séance du 22 novembre 1883, où Mgr Freppel lui avait déjà dit, fort obligeamment :

— Laissez-moi donc parler.

L'interrupteur semblait prendre plaisir à continuer.

— Monsieur Germain Casse, fit l'orateur légèrement menaçant, vous m'interrompez beaucoup...

La patience était à bout. Le trait partit :

— ... Et cependant, permettez-moi de vous dire que, malgré tout, on a toujours besoin d'apprendre quelque chose...

— Pas de vous, répliqua l'incorrigible interrupteur.

— ... Car, finit le mordant orateur, ayant été exclu autrefois de toutes les facultés de droit de l'Université de France, vous devez avoir nécessairement des lacunes dans vos connaissances juridiques.

L'éclat de rire fut universel et mit hors des gonds le collègue qui s'était attiré cette verte leçon.

— Chaque fois que vous m'interromprez, lui dit finalement Monseigneur, je vous répondrai.

III

Ses plaisanteries n'étaient pas toujours aussi mordantes.

— Vous me rappelez absolument, disait-il à la gauche, dans son discours du 25 octobre

1886 contre la laïcisation du personnel de l'enseignement primaire, vous me rappelez ce Trappiste de Bellefontaine dans mon diocèse, qui disait lors de l'expulsion en 1880 : Mais qu'est-ce que nous avons fait à ce malheureux Louis-Philippe pour qu'il nous expulse de notre monastère ? Le saint homme se croyait encore sous le règne de Louis-Philippe.

Un autre jour, Mgr Freppel s'écriait :

— Le Sénat, sur la proposition de M. Isaac — un nom prédestiné, semble-t-il, aux grandes immolations...

Ou bien il suppliait les « vénérables questeurs de mettre à profit la maturité de l'âge pour songer à terminer leurs études ».

Une fois qu'il parlait sur la politique coloniale, l'Évêque d'Angers s'adressait à M. Georges Périn :

— Je fais une exception pour vous, monsieur Périn, car personne n'ignore que, parce que vous avez eu la bonne fortune de faire le tour du monde, vous entendez que désormais chacun reste chez soi.

11.

Lorsque M. Goblet forma son ministère des débris du ministère précédent :

— Il a suffi, dit Mgr Freppel, il a suffi à l'honorable M. Goblet et à ses collègues de l'ancien ministère de boire de l'eau de cette merveilleuse fontaine de Jouvence qui coule à l'Élysée pour le rajeunissement des vieillards et des vieilles choses... On pourrait dire, il est vrai, que la tête n'y est plus... Et, en effet, par une opération dont je ne conteste point l'habileté au point de vue de la chirurgie parlementaire, on a pris un bras pour en faire une tête.

Rien n'est joli, au simple point de vue de l'art, comme les ironies dont il poursuivait les exécuteurs des décrets contre les religieux.

— En voyant tout à l'heure l'honorable M. Goblet à la tribune, il me semblait voir dans sa personne Scipion l'Africain, montant au Capitole et s'écriant pour toute réponse : Joignez-vous à moi pour rendre grâce à Dieu de ce que j'ai sauvé la patrie.

Des rires bruyants interrompirent l'orateur, qui reprit :

— Eh bien! oui, vous avez sauvé la patrie, je n'en disconviens pas. Pour vivre et pour grandir, le ministère avait besoin du baptême de la gloire... Désormais, tous ses vœux sont accomplis... vous aurez eu, vous aussi, votre grande journée, la journée de Solesmes...

Au milieu des rires inextinguibles, Mgr Freppel acheva :

— Vous avez remporté sur quarante moines une victoire insigne, et, cette victoire, vous pouvez l'inscrire désormais dans vos annales avec une légitime fierté à côté du siège de Frigolet...

La droite applaudissait à tout rompre. L'orateur, en descendant de la tribune, s'écria :

— Ce seront les fastes de la troisième république ; personne ne songera jamais à vous les envier (1).

Cette même abbaye de Solesmes lui fournit, à quelque temps de là (2), l'occasion d'un récit charmant, qui fit beaucoup rire à la Chambre.

1. Séance du 27 mars 1882.
2. Séance du 7 juin 1883.

Il s'agissait d'une lettre adressée à l'abbé par le sous-préfet de la Flèche, demandant d'être relevé de l'excommunication que ce fonctionnaire apprenait trop tard avoir encourue, pour son expédition contre l'abbaye Bénédictine.

— La réponse, dit l'Évêque d'Angers, fut telle qu'on pouvait l'attendre d'un prélat aussi charitable que Dom Couturier, abbé de Solesmes. Il se rappelait cette maxime : « A tout pécheur, miséricorde. » (*Ah ! ah !*) Et d'ailleurs, il ne voulait pas, il ne pouvait pas faire obstacle au bonheur de M. le sous-préfet de la Flèche qui allait se marier...

— Cherchez la femme ! interrompit Madier de Montjau.

—... et le retrait de l'excommunication devait figurer, paraît-il, dans la corbeille de noces (*Hilarité générale*).

— Je ne dis rien là, messieurs, continua le narrateur en souriant, qui ne soit absolument honorable pour les deux parties contractantes.

Puis, il ajouta :

— Quoi qu'il en soit, à partir de ce moment, l'abbaye de Solesmes se trouva enveloppée, elle aussi, dans la lune de miel (*Nouvelle hilarité générale*).

Le récit de la troisième expulsion des Bénédictins, qui suivit cet épisode, est vraiment trop joli, pour que nous résistions au plaisir d'en citer quelques traits.

« Vendredi dernier, 1er juin (1883), une colonne expéditionnaire se formait dans le département de la Sarthe et sur les confins de l'Anjou. Elle se composait d'un commissaire de police, de quinze gendarmes et de six serruriers, placés sous la conduite de M. le secrétaire général de la préfecture du Mans et de M. le sous-préfet de la Flèche. Un courrier du chemin de fer suivait le défilé officiel (*Rires*), chargé de clefs, de ferrures et d'autres ustensiles de toutes sortes devant servir à l'apposition de 160 scellés en cire, doublés d'autant de scellés en fer. De plus, en prévision d'une résistance qui aurait pu faire traîner le siège en longueur, un cuisinier avait été attaché à l'expédition (*Rires. Trompette! Trompette!*) Et si je mentionne ce détail, c'est uniquement pour vous montrer que rien n'avait été épargné de tout ce qui pouvait assurer le plein succès des opérations (*Hilarité générale*).

« C'était pour la troisième fois qu'on procédait à l'expulsion des Bénédictins de Solesmes. Cette fois, ils étaient rentrés, sous la protection du fiancé de la Flèche, et ils pouvaient se croire autorisés à jouir en paix des bénéfices de la levée [de l'excommunication, qui leur valait cette lune de miel, quand, tout à coup, le vendredi 1er juin...

— Arrive la lune rousse, dit M. Sigismond Lacroix.

«... comme un coup de tonnerre dans un ciel serein, arrive la colonne expéditionnaire dont je décrivais la composition au commencement de ce discours : quinze gendarmes, six serruriers et M. le sous-préfet de la Flèche, qui venait ainsi marquer sa place parmi les récidivistes (*Rires*). »

Ce récit avait mis en belle humeur la Chambre et le ministère lui-même. Mais, on ne rit plus, quand, en terminant son discours, le spirituel narrateur, redevenu le flagellant, eut stigmatisé cette vaillance déployée contre de pauvres moines.

IV

Il ne gardait pas toujours le ton de la plaisanterie.

Témoin, ce jour où il stigmatisa d'un fer rouge l'athéisme des nouveaux législateurs de la France.

A propos d'une interruption de la droite, M. Clémenceau avait dit :

— Non! non! je ne me récrie pas!

— Vous ne vous récriez pas, monsieur Clémenceau, lui répondit Mgr Freppel, mais d'autres que vous pourraient être tentés de me répondre : « Non, ce n'est pas là une déclaration d'athéisme, mais une simple déclaration de neutralité. »

— C'est la même chose ! avoua M. Clémenceau.

— Vous avez parfaitement raison de dire que c'est la même chose, car la neutralité à l'égard de Dieu, c'est encore l'athéisme. Dire : Je ne m'inquiète pas de Dieu, je ne m'occupe pas de Dieu, je fais comme si Dieu n'existait pas, c'est un aussi grand outrage envers la Divinité que d'en nier l'existence... C'est dire aux populations que désormais l'athéisme va devenir la règle de la vie nationale, comme il est devenu, depuis plusieurs années, le principe fondamental de la franc-maçonnerie (1).

Et, à propos du vote sur la triste loi du divorce :

— J'espère, s'écriait en terminant sa foudroyante harangue l'éloquent défenseur de l'indissolubilité du lien conjugal, j'espère que

---

1. Séance du 3 juillet 1884.

les mœurs, plus fortes que les lois, réagiront contre ce mouvement sémitique, et qu'il ne se trouvera pas en France, comme dans l'ancienne Rome, un Spurius Corvilius Ruga pour ouvrir la marche dans une voie qui conduirait à la dissolution de la famille et à la décadence du pays.

Et, comme la gauche réclamait, l'Évêque leur dit fièrement :

—Par la loi que vous allez voter, vous prononcerez le divorce entre la troisième république et l'Église catholique. Eh bien ! votez cette loi. Allez, si vous le voulez, du côté d'Israël, allez vers les Juifs ! Nous restons, nous, du côté de l'Église et de la France (1) !

------

1. Séance du 19 juilllet 1884.

V

Après ces quelques traits, on ne saurait s'étonner de l'éloge que l'héritier de la Maison de France faisait du vaillant député, au lendemain de sa mort.

En écrivant cette belle lettre, que nous nous reprocherions d'avoir omise, M. le comte de Paris s'est souvenu que Mgr Freppel avait été un royaliste sincère et dévoué, fidèle jusqu'au bout à ses convictions politiques ; il a voulu acquitter la dette de reconnaissance que M. le comte de Chambord aurait été heureux de payer à l'Évêque d'Angers pour son attachement au principe monarchique et en particulier pour la lettre si digne et si pressante que Mgr Freppel avait écrite au maréchal de Mac-Mahon, l'engageant à faciliter les voies à une restauration de la monarchie traditionnelle.

« L'épiscopat français, écrit M. le comte de
« Paris, perd en lui un de ses membres les plus
« éminents, la religion un de ses plus intré-
« pides défenseurs. Comme député, sa mort
« laisse dans les rangs du parti monarchique
« un vide irréparable; il savait que les grands
« intérêts religieux de la France ne trouve-
« ront jamais de garantie sérieuse sous la
« république, qu'une réconciliation ne sera
« jamais sincère et que, même au cas où les
« catholiques arriveraient au pouvoir sous ce
« régime, ils demeureraient toujours exposés
« à l'un de ces revirements électoraux qui font
« perdre aux partis les fruits de leurs victoires;
« il avait foi dans l'avenir de notre cause parce
« qu'il avait confiance dans les principes qu'elle
« fera prévaloir et, j'ai le droit de le dire,
« dans la personne de son Chef. De cette foi et
« de cette confiance, j'ai recueilli des témoi-
« gnages qui ont toujours été pour moi un sou-
« tien et un encouragement dans l'accomplis-
« sement de ma tâche....

« Mgr Freppel avait compris qu'à la France

« chrétienne il faut la Monarchie nationale et
« savait bien que la Monarchie donne aux ca-
« tholiques une garantie efficace contre le
« maintien ou le retour des lois qui les oppri-
« ment, à notre admirable clergé aide et pro-
« tection contre les persécutions d'une secte
« acharnée.

« Dieu merci, ses traditions et ses enseigne-
« ments ne seront pas perdus, et sa vigou-
« reuse éloquence portera encore des fruits
« longtemps après qu'elle aura cessé de retentir
« du haut de la chaire ou de la tribune... »

X

LES DERNIERS TEMPS

Sommaire. — Une tristesse incurable. — Il n'y a rien à faire dans la Chambre. — On voit bien que vous avez un parti pris. — Vous ne me troublerez pas. — Ce que sera la discussion, si elle a lieu. — Actes de l'évêque d'Angers, accomplis en dehors de son mandat de député. — La lassitude vient. — Récit de M. le comte de Mun. — Récit et témoignage de M. Jules Delahaye. — Mgr Gonindard rappelle ces choses au service solennel de quarantaine. — Tribu sacrée des lévites. — Les derniers jours. — Adieu ! — Pieuse mort.

I

Qui voudra lire entre les lignes des discours recueillis dans les *Œuvre Polémiquess* ne tardera pas à reconnaître, même au plus spirituel endroit ou à la page la plus éloquente, ce fond de tristesse qui lui faisait dire au rédacteur en chef de l'*Univers* :

— Il n'y a rien à faire dans la Chambre, ni près des journaux : ils ne veulent pas comprendre, et ils le voudraient qu'ils ne le pourraient pas; mais, ce que l'on dit à la tribune sort par les fenêtres et s'étend au loin; il faut donc continuer à parler (1).

Ce motif de découragement n'avait pas de prise sur ses déterminations, il ne pouvait empêcher son âme honnête et délicate de le ressentir vivement.

En vain, s'écriait-il parfois :

— Non, non ! la Chambre ne le fera pas : vous êtes trop avisés, trop clairvoyants pour vous porter à de telles extrémités.

Les interruptions le ramenaient vite à une plus juste appréciation de la vérité, et il ajoutait aussitôt tristement :

— On voit bien que vous avez un parti pris (2).

---

1. EUGÈNE VEUILLOT. *Univers* du 27 décembre 1891.
2. Séance du 7 mars 1882.

Mais, ce parti pris, que les interrupteurs avouaient d'ailleurs crûment, ne le décourageait pas plus que leurs vociférations, auxquelles il répondait un jour :

— Permettez, vous ne me troublerez pas (1).

Et une autre fois :

— Encore, si ces interruptions apportaient quelque lumière au débat ! Mais je n'y trouve aucun argument auquel je puisse répondre (2).

Sa tristesse éclata, un autre jour, sur la fin de son beau discours contre la loi du divorce :

— Votre parti est pris d'avance. Beaucoup d'entre vous trouvent cette loi détestable, et ils la voteront tout de même, pour une raison ou pour une autre. Quant à moi, Messieurs, c'est le cœur navré de tristesse que j'assisterai au vote de cette loi qui, si elle était appliquée, achèverait la ruine et la dépopulation de la France (3).

Mais, là où elle se fit jour, sous forme d'iro-

---

1. Séance du 27 mars 1882.
2. Séance du 5 novembre 1883.
3. Séance du 13 juillet 1884.

nic plus amère que le ton badin sous lequel
il la dissimula, ce fut (1) lorsqu'il décrivit
l'inutilité d'une discussion parlementaire, au
point de vue du vote final.

« Sans vouloir m'ériger en prophète, je pour-
rais la décrire cette discussion dès maintenant
dans ses moindres détails. D'abord, en ce qui
me concerne, je viendrais tout naturellement
refaire le long, le très long discours du 11 novembre 1882, sur le Concordat et sur le bud-
get des cultes.

« De son côté, M. Madier de Montjau fera
de nouveau gronder sur nos têtes le tonnerre
de son éloquence (*On rit*).

« Puis, ce sera le tour de M. Clémenceau,
qui viendra derechef aiguiser contre nous ses
plus fines et ses plus mordantes épigrammes
(*Nouvelle hilarité*).

Ensuite, l'honorable M. Goblet déploiera
toute la souplesse d'un esprit fertile en ressources.

---

1. Séance du 1ᵉʳ juin 1886.

« Enfin, M. de Mun viendra enrichir la tribune française d'un nouveau chef-d'œuvre.

« Et après? Après, vous ne serez pas plus
avancés qu'auparavant, vous n'aurez pas fait
faire un pas de plus à la question dans le
Parlement..... »

II

Entre temps, Mgr Freppel donnait un témoignage de son activité prodigieuse et de son
zèle infatigable pour les intérêts généraux de
l'Église, en semant un peu partout les germes
de son esprit, toujours ouvert sur les grandes
questions contemporaines.

C'est ainsi qu'à l'occasion du sixième centenaire des Vêpres siciliennes, il écrit au directeur de la *Sicilia cattolica* une lettre toute
vibrante de patriotisme.

A l'occasion du centenaire de Pombal, il

écrit une autre lettre non moins concluante au rédacteur du journal *A Ordem*.

Le centenaire de Luther lui dicte des *observations* qui, pour être rééditées de son cours de Sorbonne, n'en ont pas moins un juste retentissement.

L'*Instruction civique*, dans une lettre à M. Arthur Loth, auteur d'un bon livre sur ce sujet délicat, lui inspire une série de considérations aussi justes qu'élevées.

Une autre lettre à M. Charles Buet lui permet de traiter à fond la question controversée de « l'amiral Coligny ; » et la désaffectation de l'église Sainte-Geneviève, cette autre lettre au Cardinal-Archevêque de Paris, dont nous avons dit ailleurs l'éloquente logique.

D'autres documents, recueillis dans ses *œuvres polémiques* et dans ses *œuvres pastorales* diront à la postérité ce que fut le cœur de ce grand Évêque, toujours debout, toujours sur la brèche, toujours à l'affût, pour ne laisser échapper aucune occasion de défendre l'Eglise et la France, ses deux indomptables amours.

III

Un jour vint cependant où la lassitude apparut sur cette mâle physionomie. Sa ferme stature sembla se courber. Il était atteint d'un mal implacable, résultat d'une application trop constante et d'un excès de travail (1).

Ses amis s'aperçurent du changement. Les ravages de la maladie les effrayèrent. Mais laissons la parole à M. le comte Albert de Mun. Aussi bien, cette éloquente lettre (2) a un accent que nous ne saurions remplacer.

Paris, 26 décembre 1891.

« Cher monsieur l'abbé,

« Ma courte réponse à votre télégramme de mardi dernier n'a pu vous porter que l'ex-

---

1. L'albuminurie.
2. A M. l'abbé Pinier.

pression affaiblie de ma profonde émotion. Le
coup terrible qui frappe la famille épiscopale
de Mgr Freppel atteint au cœur tous les catholiques dont l'illustre Évêque était l'intrépide et
infatigable défenseur. Mais nul, j'ose le dire,
ne le ressent plus vivement que moi, qui, depuis
dix ans, assis à ses côtés sur ce banc où, si souvent, il est revenu de la tribune en triompha-
teur, étais le témoin quotidien de sa vie publique.

« Ce n'est pas en un jour qu'on mesurera
dans toute son étendue le vide qu'il laisse au
milieu de nous : c'est peu à peu, lorsque sur-
giront encore toutes ces discussions, sans
cesse renaissantes, pour lesquelles on avait
pris l'habitude de se reposer sur lui, le sachant
toujours prêt d'esprit et de corps, toujours
dispos, toujours armé. Et je ne parle pas seulement des questions religieuses : il était au
courant de toutes les autres, non pas superfi-
ciellement, mais à fond. C'était un esprit universel, servi par une promptitude d'intelligence
et une certitude de mémoire, vraiment

extraordinaires : il savait presque tout, et il aspirait à tout savoir. Un jour, me rendant chez lui pour le consulter sur un amendement à la loi scolaire encore en discussion, je le trouvai environné d'ouvrages sur la fortification et la défense des places, et, pendant deux heures, il me tint sur ce sujet, discutant les systèmes et les méthodes, avec la précision d'un mathématicien et l'ardeur patriotique d'un soldat.

« Une autre fois, je lui demandais quel était l'objet actuel de ses études, en dehors de ses occupations ordinaires, et il me dit qu'il s'appliquait tout entier à la démonstration du *postulatum d'Euclide*, que c'était une honte pour la science de ne l'avoir pas encore établie. Nous l'avons entendu à la tribune et dans les conversations de couloirs, parler en maître de tous les sujets, également fort en droit ecclésiastique et en droit civil, en jurisprudence et en doctrine. Que de fois, dans ces discussions sur la politique coloniale, où il a déployé tant de courage et de talent, avec un sentiment si

vrai de la grandeur nationale, il nous a surpris
par la connaissance parfaite de la géographie
des contrées les plus lointaines, et sa mémoire
imperturbable des noms les plus barbares de
l'océan indien ou de la mer de Chine! Et, quel
sujet d'admiration, alors, quand nous songions
que cet orateur parlementaire, prêt à tous les
débats, avait, dans son passé, vingt années
d'enseignement littéraire et théologique qui
eussent suffi à illustrer son nom, et ajoutait,
dans le présent, au fardeau de cette vie publique si remplie, la charge pesante d'un diocèse
qu'il gouvernait sans un instant d'abandon et
d'œuvres multiples qu'il soutenait par son énergique activité.

« Ce n'était là, pourtant, qu'un côté, qu'une
face de ce grand caractère. Pour les catholiques, ce qui le distinguait avant tout, ce qui
valait à Mgr Freppel la reconnaissance de tous,
l'enthousiaste affection du clergé, de tous ces
prêtres de campagne que j'ai vus, si souvent
frémir d'admiration à son nom, c'était le
dévouement sans bornes qu'on lui savait pour

l'Eglise, et qu'on lui voyait prodiguer à sa défense. Tandis que s'accomplissait contre elle l'œuvre néfaste de ces dix dernières années, il s'est tenu constamment sur la brèche, disputant chaque position pied à pied, au prix d'une lutte acharnée : et c'est sur cette brèche qu'il est mort !

« A la fin des douloureuses séances des 11 et 12 décembre, comme je le voyais épuisé, à demi courbé, la souffrance, presque la mort sur le visage, et s'apprêtant cependant à prendre la parole à une heure où il était évident que la Chambre, énervée, ne voudrait pas l'entendre, je le pressais de s'épargner cette fatigue, et je n'oublierai jamais de quel ton, de quel accent ému par le sentiment du devoir accepté, il me répondit :

« — Il faut que je parle quand même ! Je dois faire ce discours, je le dois pour l'Eglise et pour le clergé. »

« Et à un autre, qui s'effrayait aussi, et lui parlait de sa santé, des conseils de son médecin, il disait, le pied sur les marches de la tribune :

« — Sans doute, cela me fatiguera beaucoup, mais il le faut; quand je devrais mourir dans les huit jours, il faut que je parle! »

« C'était le 12, il est mort le 22! Dans l'intervalle, le 17, je crois, il était encore à son poste, et, surpris par la nouvelle d'une proposition sur la comptabilité des fabriques, qu'on allait joindre à la loi de finances, il trouva encore la force de parler. Cinq jours après, il n'était plus! Voilà sa dernière leçon et c'est par là, plus encore que par son éloquence, par son savoir, par la puissance irrésistible de sa dialectique, par toutes les qualités de son esprit, qu'il est et qu'il restera grand. C'était vraiment un prêtre et un évêque : *Ecce sacerdos magnus!*

« Mais encore sont-ce là des vertus que tout le monde lui connaissait : il en avait d'autres et de plus cachées. C'est aux petits et aux humbles, qu'il faudrait demander d'en livrer le secret : c'est dans ses œuvres intimes qu'il faut le chercher.

« J'ai vu, le jour de sa mort, des hommes de

service de la Chambre me parler de lui, les yeux pleins de larmes, et, depuis, j'ai reçu des confidences que je ne dois pas trahir, mais dont je puis dire qu'elles sont le plus éloquent témoignage de sa bonté et de sa charité.

« Je m'arrête : vous savez ces choses bien mieux que moi. Mon cœur cependant me pressait de les écrire pour rendre hommage au grand Évêque que nous pleurons.

« Puisse cette faible marque de mon ardente sympathie adoucir un peu votre douleur, et celle de MM. les vicaires généraux et des autres ecclésiastiques attachés à l'évêché, auxquels je vous prie d'offrir l'expression de mes sentiments respectueux, en l'agréant vous-même, avec celle de mon entier dévouement.

« A. DE MUN. »

IV

De son côté, dans le *Journal d'Indre-et-Loire*, M. Jules Delahaye rendait cet hommage à l'Évêque, dont il avait l'honneur d'être l'ami et qui lui accordait une affection particulière :

« La volonté de Dieu ne l'a point surpris. Il l'attendait bravement toutes les semaines, pour ne pas dire tous les jours : car ses médecins lui avaient révélé son mal incurable, impitoyable. Ils lui avaient défendu de monter à la tribune dans le dernier débat sur la séparation de l'Eglise et de l'Etat, pour ne pas avancer sa fin.

« Il ne m'est pas permis de me taire sur un « pareil sujet, » leur avait-il répondu et me répétait-il à moi-même, « surtout s'il est vrai, « comme je le crois, que je n'ai plus que quel- « ques semaines ou quelques jours à vivre. »

« Et il travailla quand même toute une semaine, avec une surexcitation, j'allais dire une irritabilité qui m'effrayait; et il monta quand même à la tribune, courbé comme un vieillard, résolu à épuiser ses dernières forces dans une dernière lutte.

« Je n'avais point encore assisté, à la Chambre, à un spectacle aussi affligeant. Ce fut au milieu de l'inattention volontaire et du tumulte des conversations, encouragées par l'inertie de M. Floquet, que parla, pendant une heure, le vieil Évêque. A peine sa voix, encore soutenue par une énergie morale que l'énergie physique abandonnait, parvint-elle jusqu'au banc des sténographes.

« En vain le marquis de la Bourdonnaye, député de Maine-et-Loire, somma-t-il le président de faire respecter la liberté de la tribune, M. Floquet persista dans sa complaisante indifférence; en vain criai-je moi-même à Mgr Freppel :

« — Vous faites trop d'honneur à ces gens-là, Monseigneur, en restant à la tribune. »

« Le courageux Évêque accomplit sa tâche jusqu'au bout.

« Il sentait que c'étaient ses dernières paroles, son testament politique, et il voulait soutenir *usque ad mortem* la lutte parlementaire, la plus pénible de toutes, réservée, en ce temps, à tous les défenseurs de la religion, devant cette assemblée oublieuse des traditions libérales, de toutes ses devancières, devant cette Chambre servile et grossière qui ne sait plus respecter que le pouvoir et ses représentants, c'est-à-dire que la force, qui ricane stupidement de tout, même du plus illustre passé de science, de talent, d'éloquence, et surtout de la faiblesse qui se défend, de l'idée et du droit qui protestent.

« L'Évêque d'Angers descendit de la tribune, les traits contractés. Il succombait à la fatigue. Les plus tristes pressentiments m'envahirent. Je l'abordai néanmoins pour lui faire mes compliments et lui renouveler la protestation qui m'avait échappée pendant son discours.

« — Ce n'est pas pour eux que j'ai parlé, me

« répondit-il, c'est pour le pays. Quand vous
« aurez un devoir à remplir à la tribune, mon
« cher ami, ajouta-t-il, ne vous laissez jamais
« décourager par leur hostilité ou leur appa-
« rente indifférence : le pays vous entendra.
« N'oubliez pas que c'est à lui, rien qu'à lui
« que nous devons nous adresser, et que nous
« ne devons jamais nous lasser de lui par-
« ler. »

« Tels furent les derniers conseils que je
reçus de lui. Il partit pour Angers quelques
jours après, et je ne le revis plus.

« On dira de lui comme de tous les grands
lutteurs, qu'il est mort sur le rempart confié à
sa garde. On louera dignement son talent, sa
vertu. Mais on ne louera jamais assez sa bonté,
son désintéressement, sa charité. Il donnait
tout ce qu'il avait et vécut pauvre. Il ne laisse
qu'une assurance sur la vie, destinée à payer
ses dettes contractées pour toutes les œuvres
de son diocèse.

« Rude et brusque au premier abord, il était
d'une délicatesse, j'allais dire d'une tendresse

de cœur, d'une fidélité à ses amis, que ne pourront oublier ceux qui l'ont pratiqué dans l'intimité.

« La nouvelle de sa mort a produit, dans la Chambre, une profonde émotion. A gauche comme à droite, on a compris que ce n'était pas seulement un grand évêque qui venait de disparaître, mais aussi un grand Français, d'Alsace-Lorraine, c'est-à-dire un grand caractère et un grand cœur. Et, dans un temps comme celui-ci, en face d'un avenir si plein d'obscurité et de dangers, les cœurs et les caractères comme celui-là semblent encore plus nécessaires que le génie lui-même. »

<h2 style="text-align:center">V</h2>

Quand il en vient à rappeler ces émouvants détails, Mgr le coadjuteur de Rennes a trouvé des accents que nous ne résistons pas au besoin de reproduire.

« ... Certains troubles dans l'économie générale de sa santé auraient dû l'avertir de modérer la dépense de lui-même. Il n'en fit rien.
Bien plus, ne voulant pas que le ravage de
cette consomption apparût visible sur son
visage, il s'efforçait de la cacher au regard
inquiet de ceux qui l'entouraient. On eût dit
qu'il opposait au mal la question préalable,
en essayant de se dissimuler à lui-même son
propre état. Vains efforts : la vie était atteinte
dans sa source. Or, la besogne était toujours
là, impitoyable, s'imposant sans ménagement à
son énergie physique épuisée.

« Il devait, comme un lutteur, expirer sur
la brèche.

« A la Chambre, on discutait l'adoption d'une
loi dont les effets lui apparaissaient funestes.

« — Monseigneur, lui crièrent ses amis
effrayés de sa pâleur, ne parlez pas : vous
n'êtes pas en état de le faire », et on lui bar-
rait l'accès de la tribune. Mais lui, intraitable
avec la fatigue :

« — C'est mon devoir de parler, répondit-il, et je le ferai, dussé-je le payer de ma vie. »

Quatre jours après, plus exténué encore, les fils dévoués qui l'entouraient à l'évêché d'Angers, les médecins de lui dire à leur tour :

« — Monseigneur, c'est impossible, ne faites pas cette ordination ; vous n'irez pas au bout. Il faut vous reposer ; de grâce, reposez-vous.

« — Non, répondit-il encore, j'irai à la Cathédrale, dussé-je m'y traîner sur les genoux. »

« C'était une réédition du mot héroïque de Jeanne d'Arc.

« Il vint, en effet, mais si péniblement, que la vue de son effort arrachait l'âme. Regardez, Mes Frères, avec respect les degrés de cet autel majeur qu'il gravit pour la dernière fois : c'était non plus le sacrificateur, mais la victime montant au sacrifice. Pendant l'accomplissement des rites sacrés, il fallut constamment soutenir sa marche défaillante. Ainsi des vieux patriarches, lorsqu'au terme de leur carrière ils demandaient à bénir dans les adieux et les recommandations suprêmes leurs enfants éplorés : on soulevait, au moment de la prière, leurs bras appesantis sous l'abondance des mérites du passé et le poids des bénédictions de l'avenir.

« Le dernier acte de cette existence a donc été un acte créateur : la vie durable, inextinguible, s'est échappée de cette main, saisie déjà par la mort, pour animer d'autres êtres surnaturels qui la transmettront à leur tour. Éternelle jeunesse de l'Église catholique, que tu es belle à saluer dans le rajeunissement, sans cesse renouvelé, de ta vigueur et de ton printemps ! Hélas, les plus admirables pasteurs disparaissent, leur éclat s'éteint ; l'Église demeure et sa flamme s'allume, vous le verrez bientôt, pour votre consolation, Mes Frères, à l'indéfectibilité d'un foyer toujours rempli de lumière et de chaleur.

« Tribu sacrée des lévites, que je vois d'ici le front encore tout constellé des dernières onctions de ton Pontife et Père, tu garderas, avec le souvenir de ses enseignements et de ses

exemples, les saints engagements du *promitto*
suprême que tu as déposé dans sa main glacée.
Ce gage de ta fidélité a été emporté par lui
dans les cieux. »

VI

Au lendemain de l'ordination, Mgr Freppel
consentit à garder la chambre, mais sans souffrances apparentes. Il reçut différentes personnes, assista aux repas comme d'habitude.
Le lundi soir encore, après le dîner, il recevait
et réglait diverses affaires administratives. Il
écrivit six lettres d'affaires.

Vers dix heures, il venait à peine de se mettre au lit, qu'il sonna son domestique dévoué,
qui le trouva pris de suffocation et haletant. Il
demanda à être levé. Le domestique l'habilla
et le mit dans un fauteuil. Il souffrait d'un vio-
lent mal de tête.

Toute la maison était sur pied. On court

chercher les médecins et son confesseur, le Père Julien, capucin du couvent d'Angers, qui avait entendu le pieux évêque peu de jours auparavant.

Le médecin arrive :

— Pour combien en ai-je encore? demande le malade, pouvant à peine parler.

— Pour quelques heures seulement, Monseigneur.

Il regarda affectueusement celui qui venait de lui faire entendre cette vérité, qu'il avait exigée, et dit, avec une douceur infinie :

— Merci !

Puis, il se recueillit en Dieu, son Juge miséricordieux, en Dieu, pour qui il avait soutenu vaillamment le bon combat.

Le Père arriva. Monseigneur reçut l'absolution et Mgr Pessard, un de ses vicaires-généraux, lui donna l'extrême-onction. Il avait encore sa connaissance.

Toute la nuit, il souffrit beaucoup de la suffocation. Mais il demeurait très calme et visiblement uni à Dieu.

Vers les six heures du matin, il serra encore la main du bon abbé Pinier, son secrétaire intime, en lui disant à deux reprises :

— Adieu !

Sa cousine, religieuse à Notre-Dame-sous-Terre d'Angers, vint ensuite le voir. Il ne parut pas la reconnaître. Dès lors, il entra en agonie.

Au matin, des chanoines, avertis individuellement, s'étaient réunis dans la chambre du mourant, pour réciter les prières de la recommandation de l'âme.

A midi trois quarts, il parut mourir. Mais, tout à coup, il poussa un grand cri et, peu après, doucement, il rendit son âme à Dieu.

C'était le mardi 22 décembre 1891. Le grand Évêque d'Angers n'était plus !

APPENDICE

I

LES OBSÈQUES

Angers, 29 décembre 1891.

A l'introït du Commun des docteurs, l'Eglise chante ces paroles tirées de l'Ecclésiaste : « *In medio Ecclesiæ aperuit os ejus : et implevit eum Dominus spiritu sapientiæ et intellectus : stolam gloriæ induit eum.* Au milieu de l'assemblée des fidèles le Seigneur lui a ouvert la bouche : Il l'a rempli de sagesse et d'intelligence, et Il l'a revêtu d'un vêtement de gloire. » Ce texte n'indique-t-il pas, avec l'ensemble des qualités que montra l'illustre Evêque d'Angers, le caractère de la manifestation dont il vient d'être l'objet en ses glorieuses funérailles ? Déjà, depuis huit jours, le sentiment populaire s'était montré d'une façon éclatante. Dans la crypte, transformée en chapelle ardente, où

13.

le prélat reposait sur un lit de parade, on a calculé que cent mille personnes, venues de tous les quartiers de la ville et de tous les points du diocèse, ont passé tour à tour, contemplant, dans la majesté de la mort, ce visage où, de son vivant, se reflétèrent tant de fortes pensées; priant à côté de sa dépouille, et faisant toucher à ses restes toutes sortes d'objets pieux qu'on emportait comme autant de précieux souvenirs.

Mais ce n'était là qu'un prélude, et on l'a bien vu ce matin, quand, au mépris de l'inclémence du temps, les foules sont accourues, plus nombreuses encore, se massant en lignes serrées sur tout le long parcours, indiqué à l'avance pour la marche du cortège funèbre. Vainement, sous forme de brouillard, une pluie drue et fine s'acharne contre l'empressement de la foule. Dès huit heures, isolément ou par groupes, on voit sur les boulevards, dans les rues et à tous les angles des carrefours, se presser des multitudes qui, trois heures durant, sans bouger d'un pas, resteront dans une respectueuse attente, jusqu'à ce qu'ait été satisfaite leur pieuse curiosité.

A neuf heures précises, les divers groupes du cortège s'étant formés à l'avance aux endroits qui leur avaient été assignés, la procession s'ébranle. La croix marche en tête, précédée par l'ordonnateur des pompes funèbres et les suisses des diverses paroisses urbaines. Viennent ensuite, sur deux rangs ou par masses — chaque groupe étant annoncé par une bannière, un drapeau, une musique instrumentale, un chœur de chant — les députations des écoles communales de garçons, des écoles de frères, de l'école municipale, du pensionnat de Saint-Julien avec sa musique, du lycée (celle-ci particulièrement remarquée à cause de la récente circulaire ministérielle qui semblait proscrire désormais l'assistance des écoliers universitaires aux cérémonies religieuses de ce genre), de l'externat Saint-Maurille, du pensionnat Saint-Urbain.

Voici maintenant le petit séminaire avec sa musique, une nombreuse députation de l'œuvre des Cercles catholiques et les corporations ouvrières avec leurs riches bannières (épiciers, menuisiers, cordonniers, métallurgistes, maçons, charpentiers et couvreurs), le syndicat des industries textiles et les sociétaires de Notre-Dame de l'Usine, parmi lesquels on remarque le dévoué zélateur des conférences ouvrières, M. l'abbé Secrétain ; MM. Neveu et Dominique Delahaye, frère du député d'Indre-et-Loire, avec leurs principaux employés. En voyant ces groupes corporatifs si nombreux, on ne songeait pas sans émotion à l'active protection que leur a donnée depuis longtemps l'illustre Évêque, si désireux de voir partout revivre les confréries ouvrières d'autrefois et qui, chaque année, se plaisait à bénir et parfois à présider les fêtes de ces corporations restaurées.

Les membres de la **conférence** Saint-Louis se pressent à la suite, précédant les professeurs de l'Université catholique en costume, témoins, eux aussi, d'une autre grande sollicitude du prélat défunt à l'endroit d'une des grandes institutions d'autrefois. Puis viennent les frères de Saint-Joseph et, précédés d'une grande croix de bois que porte un capucin pieds nus, les religieux de tous ordres, auxquels il faut joindre le supérieur des missionnaires de Notre-Dame du Chêne du diocèse du Mans, les enfants de chœur et le clergé des paroisses de Sainte-Madeleine, Saint-Léonard, Sainte-Thérèse, Saint-Jacques, Saint-Joseph, Notre-Dame, Saint-Laud, la Trinité, Saint-Serge.

Les enfants de chœur de la cathédrale, placés après ce groupe, défilent avant les nombreux élèves du grand séminaire, que précèdent les vicaires, les prêtres habitués, les aumôniers, le chœur des chantres, les curés du diocèse selon l'ordre des préséances, les directeurs du séminaire, les chanoines honoraires et les vicaires généraux. Ce n'est point exagérer de dire qu'il y a là plus de sept cents prêtres et, à les entendre chanter d'un accent si pénétré les prières liturgiques, on sent combien est profonde en leur âme le sentiment de la grande perte qu'ils ont faite en la personne de leur Évêque et père.

En avant du cortège épiscopal, paraît Mgr d'Hulst, recteur de l'Institut catholique de Paris et prélat de la maison du Pape, revêtu de la mantelletta (Mgr Sauvé et Mgr du Couëtus, qui seront tout à l'heure présents à la cathédrale, n'ont pu, à cause de leur santé, prendre part à la procession). Il précède le R. P. abbé de la Trappe de Bellefontaine, le R. P. abbé de Ligugé dom Bourigaud, le R. P. abbé des moines bénédictins de Solesmes, dom Delatte, chacun d'eux marchant accompagné de deux religieux de leur ordre. Viennent ensuite NN. SS. les évêques, chacun également accompagné de deux chanoines. Ce sont, par ordre de la plus récente accession à l'épiscopat

(Mgr Labouré, évêque du Mans, devant chanter la messe, n'assistait pas à la procession) : NN. SS. Lagrange, évêque de Chartres ; Cléret, évêque de Laval; Luçon, évêque de Belley ; Lamarche, évêque de Quimper ;Denéchau,évêque de Tulle ;Laborde, évêque de Blois; Catteau,évêque de Luçon ; Lecoq, évêque de Nantes ; Gonindard, archevêque de Sébaste, coadjuteur de Rennes.

C'était l'heure où devait se placer dans le cortège le corps de l'Ime et Rme Évêque d'Angers ; mais, aussitôt faite la levée du corps par Mgr l'évêque de Nantes, deux orateurs, avec la permission des autorités religieuses, vont se faire entendre. En deux brèves allocutions, M. de Maillé, député de Maine-et-Loire, et M. Le Guen, sénateur du Finistère, expriment, au nom de la députation départementale et du peuple de Bretagne, les sentiments dont ils sont animés et dont, par ailleurs, ils sont les échos, à l'endroit du prélat illustre que pleurent le diocèse et le Finistère. Dans son émotion, c'est à peine si M. de Maillé peut prononcer son discours et cette émotion parle plus éloquemment que tout ce qu'on pourrait entendre.

Le corps étant placé, visage découvert, sur le char funèbre, que traînent deux chevaux noirs richement caparaçonnés, et les cordons du poêle étant remis à M. le général de division, M. le préfet, M. le maire d'Angers, M. de Kermenguy, député du Finistère, le cortège à nouveau s'ébranle, et l'on assiste dès lors à un spectacle inoubliable pour tous ceux qui en ont été les témoins.

Au mois de juin dernier, après une mission extraordinaire donnée dans toutes les paroisses d'Angers par quarante religieux rédemptoristes, Mgr Freppel traversait en triomphe, à la suite de la croix, les rangs agenouillés de tout un peuple courbé sous sa bénédiction. Dans une allocution vibrante, il faisait ressortir le haut enseignement contenu dans cette marche glorieuse de la croix, acclamée par une foule en laquelle se vérifiaient les paroles de Notre-Seigneur, disant qu'il attirerait tout à lui quand il serait en croix ; et quelques jours plus tard, au souvenir de cette scène d'un autre âge, l'Évêque d'Angers, encore ému jusqu'au fond de l'âme, aimait à proclamer que cette journée de la croix de mission était la plus belle page de son épiscopat. Aujourd'hui, bien que ses mains inertes ne puissent plus bénir ; bien que son cœur ne batte plus dans sa poitrine d'où il a été tiré pour être gardé à la maison de retraite où est enterrée sa mère, en attendant qu'Obernai le reçoive quand l'Alsace sera redevenue française ; bien que ce vaste front sous lequel furent élaborés tant de grands projets soit glacé par la mort, le peuple se courbe comme autrefois sur le passage de son glorieux Évêque, et nul doute que, de cette dernière rencontre, il ne sorte, pour **tous**, une dernière bénédiction.

Au plus près du char funèbre, dans l'attitude d'une douleur contenue, mais profonde, voici le fidèle Édouard, ce serviteur modèle en qui se reposait si justement la confiance de son maître et qui fut le premier à secourir Mgr Freppel quand le prélat sentit venir soudain l'angoisse des derniers moments. La cravate de crêpe attachée au grand cierge de cire blanche qu'il porte n'est que la faible image d'une tristesse domestique dont la mesure donne celle de la bonté par laquelle l'Évêque d'Angers se distingua envers les humbles, lui qui pouvait prétendre à ne converser qu'avec les personnages les plus éminents.

Mais que dire du chagrin de la famille épiscopale, représentée par Mgr Pessard, vicaire capitulaire, M. l'abbé Grimault, ancien vicaire général, secrétaire du chapitre, M. l'abbé Pinier, secrétaire de Mgr Freppel, et M. l'abbé Uzureau, pro-secrétaire ? Surmontant sa douleur, M. l'abbé Thibaut a pris le courage de faire fonction de maître des cérémonies, afin que jusqu'au bout se montre ce zèle à tout bien faire que l'Évêque d'Angers inspirait à tous, et qu'il savait si bien découvrir chez ceux dont il faisait choix pour être ses plus proches collaborateurs. Ceux qui ont pu converser avec cette élite des familiers du palais épiscopal, ont facilement compris combien leur désolation est profonde, personne mieux qu'eux ne sachant quelle perte irréparable a faite le diocèse, parce que personne n'a été mieux initié à chacune des œuvres qui ont rempli cette vie si féconde.

La famille du sang vient après la famille épiscopale ; depuis qu'il avait eu la douleur de perdre sa vénérée mère, Mgr Freppel, en qui l'amour du pays natal se confondait pour ainsi dire avec l'amour de sa famille, avait voulu qu'un de ses oncles par alliance, le vénérable M. Hirn, devînt son commensal ; est-il besoin de dire que le bon vieillard ne se console pas de survivre à un tel neveu ? M. Léon Lefébure, ancien sous-secrétaire d'Etat, a voulu prendre rang avec son fils parmi les membres de la famille.

A la suite des marguilliers, parmi lesquels on aime à citer M. de Farcy, l'éminent érudit dont l'Évêque d'Angers prisait fort le mérite et qui a présidé avec tant d'art à la décoration funèbre, un groupe compact de cent officiers de toutes armes, ayant à leur tête un général, dit éloquemment quels sont les sentiments de l'armée pour le prélat qui, en maintes circonstances, a si fièrement parlé des sacrifices que la patrie réclame. Sur leur passage on entend dans la foule les murmures les plus flatteurs : « A la bonne heure, dit-on, l'armée montre qu'elle a du cœur ! » Et ces réflexions ont bien l'air d'être à une double adresse, visant directement ceux qu'elles honorent, indirectement ces magistrats qui, dans la manifestation de tout un peuple, n'ont pas eu honte de faire bande à part, se cantonnant dans un isolement dont ils se sont fait eux-mêmes une flétrissure, en montrant de quoi est capable, après épuration, par rapport au manque d'égards les plus élémentaires, un corps qui, jadis pour assurer le respect de la justice, comprenait qu'il devait, tout le premier, professer le respect de la religion. Les magistrats nouvelle couche ont-ils pensé qu'à se mêler aux rangs d'un cortège ils le dépareraient ? C'est une hypothèse qu'on peut se dispenser d'éclaircir et qu'il suffit d'indiquer.

On se consolait, d'ailleurs, très aisément, de leur absence, en portant les regards sur l'élite des sénateurs et députés catholiques, venus de loin tout exprès pour faire hommage au vaillant qu'ils avaient tant de fois admiré à leurs côtés ou à leur tête dans les luttes parlementaires. Auprès des sénateurs Soubigou, en son costume breton, Le Guen, Guibourd de Luzinais, de Raismes, Merlet, l'on voyait : MM. de Mun, de Lamarzelle, Delahaye, de Baudry-d'Asson, Cazenove de Pradines, de Maillé, Berger, Bigot, de Soland, Malartre, Le Gonidec de Tressan, de Terves, d'Aillères, Boucher, Lecour Grandmaison, de Villebois-Mareuil, députés ; puis, à la tête des principaux catholiques de l'Anjou, MM. Ch. de Quatrebarbes, Cassain de la Loge, d'Andigné, de la Guillonnière, etc. ; MM. les membres du conseil général et des diverses administrations, précédant le groupe des hommes d'œuvres, membres de l'Adoration nocturne, de la Société de Saint-Vincent de Paul, de la Société catholique d'Economie politique et sociale, de la Société générale des secours mutuels, de la Société d'agriculture, des sciences et arts, et enfin de la société des Alsaciens-Lorrains, dont la bannière provoque toujours la plus vive émotion. Est-il nécessaire de dire que la presse catholique avait là nombre de représentants : pour la presse locale, MM. Poirier, de l'*Anjou* ; Jules André, de l'*Union de l'Ouest* ; Michel, du *Journal de Maine-et-Loire*, et le rédacteur de l'*Océan*, de Brest ; M. Ménard, pour la *Croix* ; M. Oscar Havard, pour le *Monde*. L'*Univers* était représenté par trois de ses rédacteurs, dont MM. Pierre et François Veuillot.

Puis, comme il fallait que les bataillons du dévouement le plus délicat et le plus pur aux œuvres d'enseignement et de charité se missent humblement à l'arrière-garde d'une procession où figuraient toutes lés œuvres dont l'infatigable ardeur du prélat défunt avait voulu couvrir son diocèse, on voit défiler successivement les religieuses de vingt instituts divers, associant en leurs œuvres l'activité de Marthe et l'amour de Marie, au service de toutes les ignorances, de toutes les infirmités et de tous les délaissements.

A ce spectacle, le souvenir revenait de ce que disait Louis Veuillot quand, en octobre 1872, il écrivait de Torfou, à sa sœur, après une course avec l'Évêque d'Angers, à travers les principaux établissements religieux du diocèse :

« Je vois des choses capables de me faire oublier
« mon cher *chez-toi*. Dis à Eugène que je suis à Tor-
« fou, que j'ai visité hier Tiffauges ; et dis-toi que je
« suis dans une communauté jeune, naïve, pauvre et
« magnifique, pavée en briques, bâtie en pierres,
« sans calorifère et presque sans piano. *On aime*
« *l'évêque comme dans la primitive Eglise*; et mon
« évêque, oui, cet ancien professeur de Sorbonne, a
« vraiment le langage, les pensées, l'accent d'un
« évêque de ce temps-là. Il n'y perd pas. Vérita-
« blement je trouve bien des hommes et un fameux
« homme en cet homme-là. Il est la preuve que le
« bon Dieu fait bien les évêques qui veulent être bien
« faits (1). »

Il est onze heures et quart quand, après plus de deux heures de parcours, le cortège fait sa rentrée dans la cathédrale. L'aspect de la vaste église est

---

1. *Correspondance de Louis Veuillot*. Tome II des lettres à sa sœur, p. 167.

saisissant. Au milieu, en avant du transept, se dresse un superbe catafalque ou, à une grande hauteur, on dépose le corps du prélat. A l'entrée du sanctuaire, du côté de l'évangile, le trône épiscopaporte l'écusson aux armes de Mgr Freppel, des abeilles avec la devise (*sponte favos, œgrè spicula*) que traverse en diagonale un large ruban de crêpe, pendant que, sur les tentures frangées d'argent appendues tout autour de l'édifice, une série d'inscriptions en lettres d'or se détachent, qui rappellent les phases principales de la vie et les principales œuvres de Mgr Freppel. C'est ainsi qu'on lit successivement :

Obernai
Séminaire de Strasbourg
Ecole des Carmes

—

Collège de Saint-Arbogaste
Sainte-Geneviève
Sorbonne

—

Concile du Vatican
Évêché d'Angers
Ambulances

—

Orphelines de la
guerre
Alsace-Lorraine

—

*Conseil supérieur
d'instruction
publique*

—

*Église du Sacré-Cœur
Hautes-Études
Externat Saint-Maurille*

—

*Fourneaux économiques
Saint-Louis de Saumur
Université catholique*

—

*Troisième circonscription
de Brest
Colonies de France*

—

*Jeanne-d'Arc
Lamoricière
Courbet-Sonis*

—

*Visites pastorales
Corporations ouvrières
Mission d'Angers*

Mais voici qu'ont commencé les chants funèbres, auxquels se mêleront tout à l'heure les airs appropriés d'un chœur de musique instrumentale dirigé avec une perfection qui n'a d'égale que celle de l'exécution. Mgr l'évêque du Mans célèbre la messe de *Requiem*, et la foule en suit toute l'action dans un recueillement profond. Il est près de midi et demi quand commencent les cinq absoutes faites successivement par Mgr Denéchau, évêque de Tulle; Mgr Laborde, évêque de Blois, Mgr Catteau, évêque de Luçon; Mgr Lecoq, évêque de Nantes, et Mgr Gonindard, archevêque de Sébaste, coadjuteur de Rennes, qui, en l'absence de Mgr l'Archevêque de Tours, retenu par sa santé, présidait la funèbre cérémonie. Un moment, le bruit avait couru que Mgr Luçon, l'évêque de Belley, originaire du diocèse, dirait quelques paroles pour donner un écho à tous les sentiments contenus dans [tous les cœurs, et j'ai entendu regretter que cela n'ait pas eu lieu. C'est à Mgr Gonindard qu'il appartiendra, dans quarante jours, de dire, autant qu'on le peut en un seul discours, ce que fut pour l'Église et pour la France le grand évêque à qui son diocèse et sa ville épiscopale, [en union avec tous les catholiques de France ont voulu faire de si admirables funérailles.

Auguste Roussel.

P. S. — Mon récit ne serait pas complet, si je n'ajoutais qu'au repas qui, après le service funèbre, a réuni tous les évêques et un nombreux clergé au grand séminaire, Mgr Chesneau, vicaire capitulaire, a remercié en termes d'une grande élévation et délicatesse les prélats venus pour les funérailles. Mgr Chesneau a remercié tout particulièrement Mgr Gonindard d'avoir bien voulu accepter la charge d'une oraison funèbre, à laquelle sera certainement attentive toute la France catholique. Risqué-je d'être indiscret en disant que la succession politique de Mgr Freppel à la Chambre a fait l'objet d'un sérieux échange de vues, aussi bien entre les évêques présents qu'entre les députés et hommes politiques venus, soit du Finistère, soit de Paris, pour cette douloureuse circonstance? Vous savez déjà qui a fini par rallier la majorité des suffrages.

A. R.

(*Univers* du 31 décembre 1891)

II

LA TRANSLATION DU CŒUR DE MONSEIGNEUR FREPPEL
DANS LA CHAPELLE DE LA SAINTE-VIERGE, A LA RETRAITE

*Récit extrait de la brochure publiée sous ce titre
par M. l'Aumônier.*

Le samedi, 16 janvier 1892 sera une date mémorable dans les annales de la congrégation de la Retraite d'Angers. Ce jour-là, Mme la Supérieure générale et ses religieuses, tout entières à la tristesse d'un deuil qui les a particulièrement atteintes, et trouvant à peine, dans un privilège qui les honore à un si haut degré, un adoucissement à leur douleur, recevaient solennellement le cœur de celui dont elles furent, vingt-deux ans, les filles de prédilection, et, pieusement, le déposaient, selon le désir du plus délicat des fils, auprès du corps de sa mère inhumé depuis douze ans dans leur enclos.

Cette cérémonie, qui toucha si vivement ceux qui en furent les témoins, méritait d'avoir son écho, tant affaibli dût-il être, auprès des autres enfants de la famille diocésaine en pleurs. On a cru que le titre d'aumônier d'une des maisons de la Retraite me suffirait pour faire revivre, aux yeux de tous, ces scènes

intimes si capables de tenter des plumes que je sais
mieux taillées pour cela. Ne voulant pas refuser une
tâche qui dépassait mes forces, j'encourageai un instant ma faiblesse, trop heureux de lui faire payer ainsi
mon pauvre tribut d'hommage au grand homme qui
ne dédaignait pas de sourire aux petits.

Nous sommes à la Retraite ; dix heures vont sonner. Pendant que la voix de la cloche convoque à la
cérémonie les religieuses, les élèves et les nombreux
invités, entrons à la chapelle. Si vous ne la connaissez pas encore, vous serez émerveillés à l'aspect de
ce sanctuaire, le plus rayonnant peut-être de notre,
Angers, une vraie chapelle de noviciat et de pensionnat où tout frappe les yeux, afin de mieux parler au
cœur. Aujourd'hui, une large tenture de deuil dont le
noir n'est plus si sombre sous le reflet des larmes
d'argent mat qu'on y a discrètement semées, court
tout le long de la nef, se relevant en festons soutenus
par de gracieuses palmes argentées, à chaque colonne,
et portant, au centre des arcades qui forment les tra-
vées, un écusson bien connu, mais que nous ne
sommes point accoutumés à voir orner des tapisseries
funèbres. Au-dessous de la grande porte, on a placé
trois magnifiques couronnes. Sur l'une d'elles on lit :
« Société de réintégration des Alsaciens-Lorrains, à
leur confrère Mgr Freppel. » Le chœur présente, sur
des faisceaux de palmes, les armes du Chapitre de la
cathédrale et de la ville d'Angers, puis le fier blason
de Strasbourg, *d'argent à la bande de gueules*, et celui
de Brest, *parti de Bretagne et de France*, qui dit, ce qui
n'est pas un mal : « Français, mais Breton toujours ! »

Au milieu du transept se dresse un catafalque aux lourdes tentures noires frangées d'argent, entre deux rangées de cierges et quatre massifs candélabres chargés de bougies et du plus grand effet.

Quand vous entrez, ce qui attire vos regards, c'est, en avant du catafalque, une sorte de petit trône pouvant facilement se transformer en brancard. C'est dans l'ornementation de ce tout petit monument, on le sent, que dut se concentrer le travail le plus fini de ces mains de religieuses, qu'aucune difficulté n'effraie ou ne déconcerte, parce qu'elles sont au service de l'esprit le plus ingénieux et du cœur le plus délicat. A voir ces riches lambrequins de velours noir galonné d'argent, aux courbes et aux plis si gracieux, on devine qu'on a taillé largement en pleine étoffe. Sur un côté se détachent les armes d'Obernai, *à l'aigle d'or éployée sur champ de gueules*, et sur l'autre, celles de Brest. Un petit baldaquin doré recouvert d'une dentelle noire couronne le tout. Si vous souleviez discrètement cette dentelle, vous verriez, entre les quatre colonnettes qui soutiennent le petit baldaquin, un cylindre de cristal enveloppé d'une précieuse étoffe de moire blanche, finement brodée aux armes de Mgr Freppel et à l'hermine de Bretagne. C'est dans ce cylindre de cristal, hermétiquement fermé et muni du sceau du Chapitre de la cathédrale, qu'a été religieusement déposé le cœur de celui qui fut notre Evêque très cher et très aimé Père en Dieu. A la vue de cette custode sacrée, malgré soi on pense au cœur de saint Augustin, mystérieusement enlevé à la poitrine du grand docteur, enfermé par un ange dans un

reliquaire de cristal cerclé d'or, et déposé par mira-
cle, une nuit, sur l'autel de l'oratoire de Sigisbert,
l'évêque de Lyon, comme le raconte une tradition de
cette église; et quand, devant ce cœur de notre Evêque, on murmure les mots de Dieu, d'Église et de
Patrie, volontiers on croirait qu'il va tressaillir,
comme tressaillait celui d'Augustin quand on chantait
le *Sanctus* de son *Te Deum*.

Cependant la chapelle s'emplit des religieuses dans
leurs stalles, des élèves dans leurs bancs et des invités
dans les ailes du transept. Parmi ces derniers et au
premier rang on remarque le vénérable M. Hirn,
oncle de Mgr Freppel, à côté d'Édouard, le fidèle
valet de chambre du Prélat défunt. Toutes les communautés religieuses de la ville ont répondu à l'invi-
tation de Mme la Supérieur de la Retraite. Elles sen-
tent que l'honneur fait par leur Évêque à cette dernière congrégation rejaillit sur elles toutes.

Les prêtres prennent place aux deux côtés du catafalque. Ce sont : Mgr Pessard, l'un des vicaires capitulaires, M. le chanoine Ledoyen, supérieur de la
Retraite et du Petit-Séminaire Mongazon, Mgr Maricourt, doyen du Chapitre, M. Grimault, chanoine titulaire, M. Seigneret, chanoine prébendé, MM. les chanoines Gardais, supérieur de l'Externat Saint-Maurille, Gouby, supérieur du pensionnat Saint-Urbain,
Brisset, aumônier du Lycée, M. l'abbé L. Pessard,
curé de Sainte-Madeleine, MM. les abbés Benoit,
prêtre habitué à Sainte-Madeleine, Olivier, aumônier
du Petit-Séminaire Mongazon, Galard, aumônier de
l'Oratoire, Urseau, secrétaire à l'Évêché, Briand et

Huré, vicaires à Sainte-Madeleine, Préaubert, Riobé, Roger, Harpin, professeurs à Mongazon. M. l'abbé Serrant, professeur aux Hautes Études Saint-Aubin, qui a préparé tous les chœurs que nous allons entendre, est à l'harmonium et nous fera, tout à l'heure, apprécier et goûter son talent de musicien très distingué. M. l'abbé Lefèvre dirigera avec une entente parfaite des moindres détails les enfant de chœur du Petit-Séminaire qu'il a lui-même formés. M. l'abbé Beduneau, aumônier de la Communauté et du Pensionnat, au zèle duquel nous devons cet ordre parfait qui fut bien, là encore comme toujours, un élément nécessaire à la beauté, se multiplie et est partout à la fois.

Mgr Chesneau, vicaire capitulaire, monte à l'autel, accompagné de MM. les chanoines Thibault, secrétaire général de l'Évêché, et Pinier, secrétaire du Prélat défunt. La messe commence : une de ces messes de *Requiem* en faux-bourdons, dont la mélodie grave et solennelle porte jusqu'au plus intime de l'âme la tristesse mêlée d'espérance qui en forme le fond. Au jugement des plus difficiles, la façon dont cette messe fut chantée fait le plus grand honneur à celui qui l'exerça comme à celles qui l'exécutèrent. Le *Dies iræ* surtout, interprété, avec ce sentiment des nuances, tour à tour par la voix souple et sonore de M. l'abbé Harpin et un chœur de religieuses et d'enfants, nous a remis en mémoire ces belles paroles dont Mgr Freppel lui-même, alors professeur à la Sorbonne et dans sa vigueur de la jeunesse, saluaitla célèbre prose : « L'hymnographe s'avance jusqu'au terme des siècles... il a entendu la trompette fatale qui retentit dans le silence des tombeaux... La mort s'étonne de voir que sa proie lui échappe... Le juge s'assied sur son trône et la manifestation des consciences a lieu... Mais ici le poëte s'interrompt : il se demande plein d'effroi ce qu'il répondra, lui pécheur, à cette heure formidable où les justes eux-mêmes n'attendront leur arrêt qu'en tremblant... Il se trouble, il gémit, il conjure le Sauveur de ne pas l'abandonner... Il cherche à l'intéresser à son salut, en lui rappelant la crèche et la croix. Alors il peut espérer. Si la justice l'effraie, la bonté le rassure; et son cœur, suspendu entre l'espérance et la terreur, éclate dans un dernier cri de confiance. »

Après l'Élévation, M. l'abbé Harpin nous fit entendre un *Miseremini mei* du plus saisissant effet. C'était bien la voix des trépassés, sortant du purgatoire et mendiant humblement l'aumône de la prière des vivants.

La messe est achevée. M. l'abbé Ledoyen, Supérieur de la Retraite, monte en chaire et, dans une touchante allocution, nous révélant tout un côté, resté par trop dans l'ombre, de cette figure du fils le plus délicat et le plus tendre qui fut Mgr Freppel, il donne à cette réunion de famille, avec son véritable caractère, toute sa signification. J'aurai bien garde, en l'analysant, d'effleurer cette belle page où les faits eux-mêmes, simplement racontés, sont de la plus haute éloquence. J'ai vu des larmes couler à la narration de cette scène en laquelle la mère confiait à son fils, qu'elle appelait « son Seigneur », les angoisses que faisait naître en elle la pensée d'être séparée de lui et portée, elle, l'exilée d'Alsace en la terre d'Anjou, au cimetière commun où son souvenir s'effacerait bientôt et où personne ne prierait pour elle. Je ne connais comme pendant à cette scène que le colloque entre Monique et Augustin, à la fenêtre d'Ostie.

III

Angers, 9 février 1892.

Il y a six semaines, dans le deuil universel des
cœurs, le diocèse d'Angers faisait à son grand Évêque
d'incomparables funérailles. Après quarante jours, la
douleur n'est pas moins profonde, car. la dépouille
de l'illustre prélat disparue, il semble que plus grand
encore apparaisse le vide immense opéré par la mort.
Qui s'étonnerait dès lors que la maison de Dieu, cette
cathédrale où vibre encore l'écho des plus beaux enseignements, s'essaie à peindre cette douleur en
offrant au peuple fidèle, résumés dans quelques phra-
ses lapidaires, les motifs de la tristesse générale:
Lapides clamabunt, dira tout à l'heure Mgr Gonindard,
en rappelant les devises qui se détachaient sur les
murs au jour des funérailles. Ce cri des murailles
consacrées à Dieu par l'onction de l'évêque retentit
non moins aujourd'hui et pénètre au plus intime de
l'âme. Comment, en effet, se défendre d'une émotion
profonde quand, sur le pilier aux multiples colonnes
qui, du côté de l'épître, porte jointes la retombée de
l'arcature du chœur et celle de l'arcature du transept

de droite, on lit ce texte de saint Paul où le grand apôtre indique si nettement les devoirs de l'évêque et ce que fut Mgr Freppel : *Oportet amplectentem eum, qui secundum doctrinam est, fidelem sermonem, ut potens sit exhortari in doctrina sana et eos qui contradicunt arguere.* « Il faut que l'évêque s'attache fidèlement aux vérités de la foi, afin qu'il soit en mesure de prêcher une saine doctrine et de convaincre ceux qui la contredisent. » Au-dessus de cette inscription, un écusson se détache où on lit : *Galea salutis in capite ejus.* « Sa tête porte le casque du salut. » D'autre part, au-dessus du siège épiscopal, où se détachent les armes du défunt voilées de crêpe, se dresse un second écusson portant ces mots : *Indutus est justitia ut lorica.* « Il s'est revêtu de la justice comme d'une cuirasse ». Et, pour tout résumer, une immense bannière, encadrée d'ornements funèbres, qui flotte au-dessus du baldaquin à six colonnes servant de pavillon à l'autel, fait lire, en grandes lettres blanches, sur fond noir, le célèbre texte de saint Paul : *Bonum certamen certavi, cursum consummavi, fidem servavi; in reliquo reposita est mihi corona justitiæ.* « J'ai combattu le bon combat, j'ai achevé ma course, j'ai gardé la foi : il ne me reste maintenant qu'à recevoir la couronne de justice. » Puis, comme pour répondre à ce témoignage, l'*antepodium* du maître-autel inscrit la supplication des fidèles. *Dona ei requiem.* « Seigneur, donnez-lui le repos. »

Dans le transept et tout autour de la nef, sur la litre funèbre où alternent des palmes avec les écussons aux armes épiscopales et des anges agenouillés portant le monogramme du Christ, des inscriptions semées de part en part rappellent les principaux actes de la vie du grand Évêque : sa naissance et **son** éducation sacerdotale. — *Obernai* — *Séminaire de Strasbourg* ; son ascension dans les sphères de l'enseignement — *École des Carmes* — *Saint-Arbogaste* — *Sainte-Geneviève* ; son accession aux honneurs et charges ecclésiastiques — *Concile du Vatican* — *Évêché d'Angers* ; les œuvres de son patriotisme — *Alsace-Lorraine* — *Orphelinat de la guerre* — *Ambulances* ; les actes et fonctions de son épiscopat — *Saint-Louis de Saumur* — *Église du Sacré-Cœur* — *Conseil supérieur de l'instruction publique* — *École des hautes études* — *Externat Saint-Maurille* — *Université catholique.* — *Visites pastorales* ; ses fondations en rapport avec la question sociale — *Corporations ouvrières* — *Fourneaux économiques* ; ses plus notables panégyriques — *Jeanne d'Arc* — *Lamoricière* — *Courbet* ; ses fonctions publiques — *Circonscription de Brest* — *Colonies de France* ; enfin ces *Missions d'Angers*, dont lui-même se plaisait à dire qu'elles étaient la plus belle page de son épiscopat.

Tout autour de la chaire se déroule, sur la tenture funèbre, cette belle maxime : « Dieu ne nous a pas ordonné de vaincre, mais de combattre. » Se souvenant d'avoir vu cette pensée dans les œuvres de Louis Veuillot, un des membres de la famille épiscopale, jadis, au moment où l'action de Mgr Freppel subissait le plus de contradictions, s'avisa un jour de la citer à son évêque, qui, dès lors, se plut à en faire sa devise. Ce devrait être, ajoutait-il, celle non seulement de tout évêque, mais de tout catholique, surtout en notre temps. Aussi, en lui donnant cette place d'honneur dans la belle décoration que j'ai tenté de décrire, MM. de Farcy et le chanoine de Machefer, custode de la cathédrale, aux soins et au goût desquels est due cette décoration, ne pouvaient-ils douter d'être les fidèles interprètes de la pensée quotidienne du prélat défunt.

Pour l'entière mise en œuvre de cette ornementation, il a fallu tenir fermées jusqu'à neuf heures et demie les portes de la cathédrale. Elles s'ouvrent enfin devant le public qui les assiège, et en un instant le vaste édifice est comble dans tout l'espace réservé aux invités et à la foule. Au premier rang on remarque, du côté de l'épître, les dames qui forment la famille du sang et, du côté de l'évangile, les membres de la famille épiscopale : M. l'abbé Grimault, M. l'abbé Pinier, M. l'abbé Urseau et le fidèle serviteur Edouard. On sait que MM. les anciens vicaires généraux Chesneau et Pessard sont devenus vicaires capitulaires. Comme au jour des funérailles, un autre membre de la famille épiscopale, M. Thibaud, fait office de maître des cérémonies.

A dix heures, tout le vaste transept est rempli, dans les deux bras, par des centaines d'ecclésiastiques venus de tous les points du diocèse et des diocèses de Tours, de Rennes, de Nantes, de Laval et du Mans. Successivement on voit arriver Mgr Catteau, évêque de Luçon, qu'accompagnent M. le chanoine Giraud, son vicaire général, et M. l'archiprêtre de la cathédrale; Mgr Labouré, évêque du Mans, qu'accompagnent M. le chanoine Demory, membre de son conseil épiscopal, et M. le chanoine Goupil; Mgr Pagis, évêque de Verdun, qu'accompagnent M. le chanoine Barreau et M. le chanoine Sécher; le Rme Dom Delatte, Abbé de Solesmes, et un de ses moines; le Rme Dom Chouteau, Abbé de la Trappe de Bellefontaine, avec un de ses moines; Dom Bourigaud, Abbé de Ligugé; Dom Chamard, prieur de Saint-Maur de Glandfeuil; Mgr Maricourt, recteur de l'Université catholique; Mgr de Kernaëret, et tous les dignitaires ecclésiastiques, les professeurs de l'Université catholique, en costume.

Aux premiers rangs de l'assistance on remarque MM. Blavier, Merlet, sénateurs de Maine-et-Loire; Guibourd, sénateur de la Loire-Inférieure; Fairé, de la Bourdonnaye, de Maillé, de Soland, députés de Maine-et-Loire; Bigot, député de la Mayenne; le général de brigade Mourland : le docteur Guignard, maire d'Angers; Joxé, adjoint; la plupart des membres du conseil général : MM. Bruas, Baron, Bodinier, Gennevraye, de Beaumont, de Castries, Grignon, de Livonnière, Richou, des Nouhes, de Rochebouët; beaucoup de conseillers d'arrondissement, entre autres MM. Legris de la Pommeraye, Deperrière, de la Perraudière, de Terves; MM. Fourrier, de la Noue, de Tarlé, conseillers municipaux; Joseph Joubert; Bellanger, ancien bâtonnier du barreau d'Angers; de Quatrebarbes, de l'Espinay, Max Richard, Cassin de la Loge, de Jeux, et une grande partie de la société angevine, ainsi qu'un certain nombre d'officiers. Bientôt, Mgr Cléret, évêque de Laval, ayant revêtu ses ornements, la messe commence, pendant laquelle un chœur, composé de séminaristes et d'amateurs, exécute avec une rare perfection les chants de la messe de *Requiem* de Haller, sous la direction du maître de chapelle, M. Delaporte.

La messe finie, un vif mouvement se produit dans l'assistance à l'apparition de Mgr Gonindard. Rarement, en effet, un orateur eut une tâche plus difficile, et Mgr le coadjuteur de Rennes le proclame le premier en toute humilité, car, dit-il, seul, un homme doué comme Mgr Freppel pouvait célébrer un tel Évêque. Cependant Mgr Gonindard a su rendre avec une grande délicatesse de sentiments et de termes les traits principaux de cette grande figure et l'on a particulièrement remarqué l'ardeur du patriotisme et le tact avec lesquels il a traité le côté au point de vue extérieur le plus difficile de son sujet, quand il a commenté la disposition testamentaire de Mgr Freppel léguant son cœur à l'Alsace pour le jour où cette chère province sera redevenue française. On a remarqué non moins la grâce et l'originalité du parallèle symbolique établi entre les aspects du paysage d'Alsace vu d'Obernai et les qualités variées du talent de Mgr Freppel. On sait que le nom de la grande patronne d'Alsace, sainte Odile, signifie fille de lumière. Sans doute, comme l'a dit Mgr Gonindard, elle a envoyé un rayon de lumière sur le berceau de l'enfant, qui plus tard devait être lui-même une si grande lumière dans l'épiscopat. En lui, l'on peut dire que se retrouvaient à un degré suréminent les qualités maîtresses du caractère alsacien, qui sont : une intelligence sérieuse au service d'un cœur généreux.

Mais si le patriote fut grand, combien grand aussi fut l'écrivain, l'orateur, l'évêque! L'orateur le montre à traits rapides, que nous ne tenterons même pas d'indiquer en résumé, ce discours mémorable devant être bientôt publié intégralement. Nous nous bornerons à noter quelques idées. Ainsi, en rappelant que le combat était la vie de Mgr Freppel, Mgr Gonindard n'a pas négligé de citer la devise de Louis Veuillot évoquée plus haut. Il a dit, pour juger d'un mot l'œuvre considérable de l'écrivain et de l'orateur, qu'il laissait « un arsenal d'armes puissantes au service de la vérité », et, en parlant de l'Evêque, il a principalement insisté sur sa grande œuvre de l'Université catholique, œuvre nécessaire, qui doit être un legs sacré non seulement pour le diocèse d'Angers, mais pour les diocèses associés à cette grande entreprise et intéressés à son maintien comme à son développement.

Pour finir et afin de justifier son texte, Mgr Gonindard a fait éloquemment ressortir le grand exemple que laisse Mgr Freppel, et l'obligation de rendre des actions de grâces à Dieu, qui montre de tels évêques au monde. Le louer, en effet, n'est-ce pas, pour tous, s'encourager à l'imiter, et ainsi la consolation ne se trouve-t-elle pas dans le deuil même? C'est donc à bon droit qu'au quarantième jour après les funérailles de « l'Illustrissime et Révérendissime Père en Dieu Charles-Émile Freppel, évêque d'Angers, chancelier des Facultés catholiques de l'Ouest, député au Corps législatif », l'orateur sacré nous a fait entendre

15

Isaïe disant : *Consolabitur Sion et invenietur in ea gratiarum actio et vox laudis,* « Sion sera consolée, et on y entendra l'action de grâces avec l'écho de la louange ». Puisse-t-elle, cette louange, ainsi que Mgr Gonindard en a fait publiquement le souhait, saluer aussi l'évêque qui, bientôt, appelé à monter sur le siège de Mgr Freppel, devra se ceindre les reins pour assumer ce glorieux et lourd héritage !

(*Univers* du 11 février 1892)

Auguste Roussel.

TABLE DES MATIÈRES

Pages

I. — La genèse d'un grand Évêque.

Sommaire : Quand l'Alsace sera redevenue terre française. — Le bourg natal. — Les Alsaciens. — Il n'y a pas de province plus française d'esprit et de cœur. — Le rayonnement d'un cœur maternel. — Ce qu'était Mᵐᵉ Freppel. — Alors, mon fils, nous serons donc séparés pour toujours! — Le cœur du fils auprès du tombeau de la mère. — C'est après-demain le 14! — L'action du père à côté de l'influence maternelle. — Un écolier modèle. — La question du vieux régent. — Si le jeune Freppel a jamais hésité sur la direction à donner à sa vie. — Une mémoire extraordinaire. — Toujours le premier. — Moi, je veux être prêtre! — Bachelier et séminariste. — Un souvenir de séminaire porté à la tribune française. — L'abbé Freppel reçoit le ssous-diaconat 1

I. — Jeune Professeur.

Sommaire : Ce qu'était l'évêque de Strabourg. — Souvenirs racontés par l'ancien recteur de l'Académie de cette ville. — Mgr Rœss nomme l'abbé Freppel professeur d'histoire. — L'École des Carmes et son fondateur. — M. Cruice veut attirer l'abbé Freppel aux Carmes. — Il y supplée l'abbé Bautain pour le cours de philosophie. — Mgr Rœss le nomme directeur du collège de Saint-Arbogaste. — Un coup

Pages

de clairon. — Comment le nom de l'abbé Freppel commença à devenir célèbre dans les rangs du clergé français. — Il conquiert son titre de docteur en Sorbonne. — On n'arrête pas le cours d'un fleuve. — Souvenirs du premier concours des Chapelains de Sainte-Geneviève. — Les conférences à la jeunesse des Écoles. — Le pourquoi prophétique du choix dans le sujet des conférences. — Autres œuvres oratoires entre temps. — En quoi consiste l'œuvre oratoire de l'abbé Freppel pendant la première phase de sa vie apostolique. — Un mot juste du Père Ch. Clair 21

III. — A LA SORBONNE.

Sommaire : Mgr Freppel raconte à la Chambre les origines de l'institution des Chapelains de Sainte-Geneviève. — Ce qu'elle a produit en trente ans. — Attila et les Huns contemporains. — Ils ne savent rien ! — Les grands hommes au Panthéon. — Lettre au cardinal Guibert et accents d'espérance. — L'abbé Maret propose l'abbé Freppel à Mgr Sibour pour une chaire en Sorbonne. — J'ai eu l'honneur de professer pendant douze ans dans une faculté de l'Université. — Le plaidoyer en faveur du maintien des facultés de théologie. — Interrupteurs désarmés. — Rires vainqueurs. — La Sorbonne ne sera plus qu'un souvenir historique. — Prophétie 43

IV. — L'APOLOGISTE.

Sommaire : Comment l'abbé Freppel inaugura son cours de Sorbonne. — Ses études sur les Pères apostoliques. — Comment il explique le choix de son sujet. — Comment il laisse percer sa grande préoccupation d'apologiste. — L'Empereur veut l'entendre — Carême de 1862 aux Tuileries. — Jugement d'ensemble sur les études de l'abbé Freppel

Pages

consacrées aux Pères des premiers siècles chrétiens. — Les leçons sur Origène. — Une énumération éloquente. — Le grand scandale du régime impérial. — Savante préparation à la publication du livre de M. Renan. — Les évêques résistent aux pusillanimes qui conseillent le silence. — La *Critique* du livre par l'abbé Freppel. — M. Havet vient à la rescousse. — L'abbé Freppel lui répond. — Examen critique du livre des *Apôtres* par M. Renan. — L'auteur conquiert du premier coup un rang hors ligne dans le clergé français 63

V. — LE CONSULTEUR DU CONCILE.

Sommaire : Les jansénistes en avaient appelé au futur Concile général, il fallait les confondre dans leur tombe. — Si Bossuet fut un hérétique, comme l'objectait M. de Douville-Maillefeu. — L'entourage de l'abbé Freppel en Sorbonne. — Le caractère alsacien décrit par Mgr Goniodard. — Le livre de Mgr Maret. — Les commissions préparatoires du concile. — L'abbé Freppel est appelé à en faire partie. — Accueil qu'on lui fait à Rome, où l'avait précédé une réputation de grand théologien. — Ce qu'en écrit Louis Veuillot à son frère. — Ses relations avec l'*Univers* datent de ce moment. — L'homme en Mgr Freppel, d'après M. Eugène Veuillot. — Bonté et fougue. — Un colloque avec Mme Freppel. — Ce que l'abbé Freppel apprit à Rome. — Le symbole de l'abeille. — L'essaim sur les lèvres d'Ambroise. — Le miel symbolise Jésus-Christ. — L'aiguillon de l'Église. — N'attaquons pas cette divine abeille. — *Sponte favos, œgre spicula!* 83

VI. — L'ÉVÊQUE.

Sommaire : Comment Mgr Freppel avait utilisé les méthodes germaniques. — Influence de Lacordaire

Pages

sur sa jeunesse sacerdotale. — Ses premières paroles à ses diocésains. — Les huit volumes d'Œuvres Pastorales. — Une énumération éloquente. —
Perpétuel refrain d'amour pour la France. — Les
inscriptions du service funèbre. — Comment
Mgr Freppel traitait les missionnaires. — L'Université catholique d'Angers. — Charité épiscopale. —
Fierté légitime du clergé angevin. — Comment
Mgr Freppel s'acquittait de ses obligations pastorales. — Un souvenir de Mgr Dénéchau. — Je m'y
traînerais plutôt à genoux ! — L'Evêque d'Angers
était fier de son diocèse. — Une mission incomparable. — Mgr Freppel refuse sa translation à un
archevêché. — Comment il éloigna de lui les honneurs cardinalices. — La seule récompense qu'il
ambitionnait. — Le patrimoine qu'il lègue à son
successeur — Comment il trouvait le temps de
produire ses œuvres oratoires et pastorales. — Un
procédé de composition que tout le monde n'a pas
à sa disposition. — Autre procédé pour grossir son
fonds en pareil cas. — Un convive qu'il empêche
de manger. — Le professeur interloqué qui lui fournit, sans s'en douter, le thème du célèbre discours
de Tours.   103

VII. Le Patriote.

Sommaire : Une page vibrante de Bossuet. — Dou-
teur patriotique. — Mesure qu'elle inspire à l'Evêque d'Angers. — La circulaire au supérieur du
séminaire — Comment la Chambre en accueille
la lecture en 1881. — Les circonstances exceptionnelles semblent excuser une mesure aussi exceptionnelle, que les ennemis de l'immunité ecclésiastique essaient de retourner contre le principe. —
Comment les séminaristes d'Angers se conduisent
pendant la guerre. — Nous sommes vaincus. —
Lettre à l'Empereur Guillaume. — Lettre à M. Emi-

Pages

lio Castelar. — La solution qu'il préconisait. — Ce
qu'il dit à ce sujet à l'Evêque de Verdun. — Un
étranger. — La séance du 15 février 1883. — L'injure au drapeau voilé d'un crêpe noir. — J'ai rempli, messieurs, un devoir de reconnaissance. —
Actes et écrits de patriotisme. — Une simple énumération de titres   137

VIII. L'Election.

Sommaire : Les origines de l'élection de Mgr Freppel racontées par M. Eugène Veuillot. — Comment
il sollicita le mandat législatif. — Un récit pittoresque de l'entrée de l'Evêque-député à la Chambre. — Je suis Alsacien et je représente des Bretons. — La parole est à M. le député Freppel. —
Une leçon d'étiquette et d'histoire. — Une énumération éloquente. — Comment un jour Mgr Freppel
fit l'obstruction à la fin de la législature. — Il
enterre la loi sur les incompatibilités. — Il rend
compte à ses électeurs de son mandat. — Sa réélection en 1881. — Sa bonhomie dans les relations
entre collègues, même ennemis. — Il y avait du
Maury chez lui. — Hommages que lui ont rendus
les Clémenceau et les Goblet. — Fine observation
d'un critique observateur. — Le président Floquet
provoque des applaudissements unanimes à la
Chambre, en faisant l'éloge de l'Evêque-député .   157

IX. — Souvenirs parlementaires.

Sommaire : Qu'il y avait du Maury en Mgr Freppel.
— M. Cazot comparé à un ange. — On me répond
par des périodes. — Jocelyn est à l'Index. — Réplique à M. Villain. — Verte leçon donnée à un interrupteur obstiné. — Plaisanteries moins acérées. —
M. Goblet comparé à Scipion l'Africain. — Un sous-
préfet qui demande à être relevé d'une excommunication. — Lune de miel et lune rousse. — Spiri-

Pages

tuel récit d'une expédition contre Solesmes. — Il
stigmatise l'athéisme de la neutralité envers Dieu
et oblige M. Clémenceau à faire un aveu qu'il faut
retenir. — Allez vers les Juifs! — Nous restons
nous, du côté de l'Eglise et de la France.'— Lettre
de M. le comte de Paris au sujet du royalisme de
Mgr Freppel 181

X. — LES DERNIERS TEMPS.

> *Sommaire* : Une tristesse incurable. — Il n'y a rien à
> faire dans la Chambre.— On voit bien que vous
> avez un parti pris. — Vous ne me troublerez pas.
> — Ce que sera la discussion, si elle a lieu. —
> Actes de l'Évêque d'Angers, accomplis en dehors
> de son mandat de député. — La lassitude vient.—
> Récit de M. le comte de Mun. — Récit et témoi-
> gnage de M. Jules Delahaye. — Mgr Gonindard rap-
> pelle ces choses au service solennel de quarantaine.
> — Tribu sacrée des lévites. — Les derniers jours.
> — Adieu! — Pieuse mort 201

APPENDICE.

I. — Les obsèques 225

II. — La translation du cœur de Mgr Freppel dans la chapelle de la Sainte-Vierge, à la Retraite. 239

III. — Le service de quarantaine 247

IMP. NOIZETTE, 8, RUE CAMPAGNE-PREMIÈRE, PARIS.